令和2年4月〜6月　第119集

裁決事例集

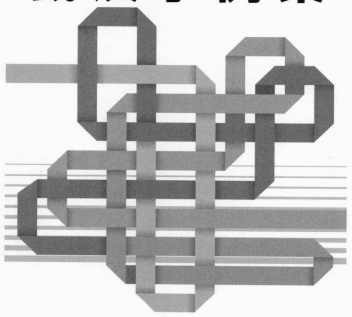

一般財団法人 大蔵財務協会

は　じ　め　に

　　現在、国税不服審判所における審査請求事件の裁決については、法令
の解釈、運用上先例となり、他の参考となる重要な判断を含んだもの、
また、事実認定に関し他の参考となる判断を含んだもの等が公表されて
います。

　　本書は、国税不服審判所より公表された裁決を、多くの税理士、公認
会計士、弁護士、行政法学者等の方々の便に資するため四半期ごとに取
りまとめて「裁決事例集」として発行しているものです。

　　今版は、「裁決事例集（第119集）」として、令和2年4月から令和2
年6月分までの間に公表された裁決を収録しておりますが、今後公表さ
れる裁決についても逐次刊行していく予定です。

　　本書が、日頃の税務上の取扱いの判断の参考となり税務事務の一助と
なれば幸いです。

　　なお、収録されている裁決が、その後の国税に関する処分の取消訴訟
において、その処分の全部又は一部が取り消されている場合があります
ので、本書のご利用に際してはご注意ください。

令和3年2月

目　　次

一　国税通則法関係

〈令和2年4月〜6月分〉

事例1 （納付義務の承継　その他）

> 　相続放棄の申述をした請求人に対して、原処分庁が相続放棄の無効を前提として行
> った不動産の差押処分について、相続人である請求人の口座に振り込まれた被相続人
> の顧問料相当額を引き出した事実は法定単純承認事由となる相続財産の処分に該当し
> ないとした事例（不動産の差押処分・全部取消し・令和2年4月17日裁決）
>
> 《ポイント》
> 　本事例は、法定単純承認事由となる相続財産の処分がされたか否かについて、請求
> 人及び関係者の答述並びに帳簿等の広範囲な証拠に基づき、請求人が相続財産を費消
> （処分）したと認められるか否か、総合的かつ慎重に認定し、相続放棄の申述が有効
> であると判断したものである。

《要旨》

　原処分庁は、①請求人名義の金融機関の口座（本件口座）に振り込まれた金員（本件
金員）は、請求人の配偶者（本件被相続人）と本件金員の支払者との間の委任契約（本
件委任契約）に基づき、本件被相続人に対する未払報酬が請求人名義の本件口座に振り
込まれたもので、相続財産に該当するところ、請求人が本件金員を受領、出金及び返納
した行為は、いずれも民法第921条《法定単純承認》第1号に規定する相続財産の「処
分」に該当する旨、②請求人名義の土地及び建物（本件各不動産）の取得資金は、本件
被相続人が出捐し、又は本件被相続人の意思により関係会社等が支出していることから、
本件各不動産は本件被相続人に帰属する財産であり相続財産に該当するところ、請求人
が本件各不動産について、同条第3号に規定する「隠匿」及び同条第1号に規定する
「処分」に該当する行為をしている旨、上記①及び②の事実は法定単純承認事由に該当
するから、請求人の相続放棄は認められず、請求人は本件被相続人の納付義務を承継す
る旨主張する。

　しかしながら、①については、本件金員が相続財産に該当することが認められるもの
の、本件金員が本件委任契約に基づいて本件口座に振り込まれたものにすぎず、請求人
が出金した本件金員を一部でも費消した事実は認められないこと、請求人が振込名義人
あてに送金したのは相続放棄の申述が受理された後であることから、これらはいずれも
相続財産の処分には該当しないこと、②については、本件各不動産が本件被相続人に帰

属する財産であることを認めるに足りる証拠はなく、相続財産に該当すると認められないことから、本件金員及び本件各不動産について、請求人に法定単純承認事由に該当する事実はなく、請求人の相続放棄の申述は有効であり、請求人は本件被相続人の納付義務を承継しない。

《参照条文等》

国税通則法第5条第1項、第2項

民法第921条第1号、第3号、同法第938条、同法第939条、家事事件手続法第201条第5項、第7項

《参考判決・裁決》

最高裁昭和42年4月27日第一小法廷判決（民集21巻3号741頁）

大審院昭和5年4月26日判決（大審民集9巻427頁）

（令和2年4月17日裁決）

《裁決書（抄）》

1 事　実

(1) 事案の概要

　　本件は、原処分庁が、滞納法人の納税保証人が死亡したことから、その配偶者である審査請求人（以下「請求人」という。）が納税保証人の納付義務を承継したとして、請求人名義の不動産を差し押さえたのに対し、請求人が、相続放棄を行ったから納付義務は承継していないとして、原処分の全部の取消しを求めた事案である。

(2) 関係法令

　　関係法令の要旨は、別紙のとおりである。

　　なお、別紙で定義した略語については、以下、本文でも使用する。

(3) 基礎事実

　　当審判所の調査及び審理の結果によれば、以下の事実が認められる。

　イ　請求人等の概要

　　(イ) 請求人は、平成31年1月○日に死亡したF（以下「本件被相続人」という。）の配偶者（平成27年6月23日婚姻）である。

　　　　以下、本件被相続人の死亡により開始した相続を「本件相続」という。

　　(ロ) 本件被相続人は、G社において、少なくとも平成10年6月○日から平成16年6月○日まで、及び平成24年1月○日から平成31年1月○日までの間、それぞれ代表取締役を務めていた。

　　　　また、本件被相続人は、遅くとも平成28年頃から、H社の顧問として、H社から顧問料の支払を受けていた。

　　　　以下、H社の本件被相続人に対する顧問料を「本件顧問料」という。

　ロ　本件被相続人が負っていた滞納国税の納付義務

　　(イ) 本件被相続人は、平成21年10月21日、G社の滞納国税について、通則法第50条《担保の種類》第6号に規定する保証人となり、G社が本件被相続人の保証を担保として提供したことにより、G社は、国税徴収法第151条（平成26年3月法律第10号による改正前のもの。）《換価の猶予の要件等》第1項第2号の規定に基づき換価の猶予を受けていた。

　　　　その後、原処分庁が、平成22年2月3日、G社が上記換価の猶予の猶予期間

— 5 —

中に滞納国税を完納しないことが確定したとして、同換価の猶予を取り消した
ため、本件被相続人は、保証人として、G社の滞納国税の納付義務を負うこと
となった。

  (ロ) 原処分庁は、平成22年2月3日、本件被相続人に対して、上記(イ)の本件被相
    続人がG社の保証人として納付すべき国税について、通則法第52条《担保の処
    分》第2項の規定に基づき、同年3月3日を期限とする納付通知書により告知
    をしたが、同日までに本件被相続人が完納しなかったことから、同月4日、本
    件被相続人に対して、同条第3項の規定に基づき、納付催告書により督促した。

 ハ 請求人名義の○○口座への振込み等

    請求人名義のJ銀行の○○口座（○○○○）（以下「本件○○口座」という。）
  の平成30年4月19日から平成31年3月31日までの間の入出金の状況は、別表1の
  とおりであり、H社の代表取締役であるKは、平成30年7月から平成31年2月ま
  での間、毎月25日頃に、500,000円を振り込み、請求人は、同年1月の振込分まで、
  振り込まれた日又は数日以内に振り込まれた500,000円を出金した。

    以下、別表1の平成31年1月25日にKから本件○○口座に振り込まれた500,000
  円を「本件金員」という。

 ニ 請求人からKへの送金

    請求人は、平成31年3月27日、本件○○口座から振込みの方法によりKに
  500,000円を送金した。

 ホ d市e町の不動産の登記の状況

  (イ) 別表2の順号1の土地（以下「本件土地」という。）の本件相続の開始日に
    おける登記簿上の所有者は、請求人であり、本件土地は、平成26年4月4日の
    売買を原因として、同月8日に請求人に対する所有権移転登記がされた。

  (ロ) 別表2の順号2の建物（以下「本件建物」といい、本件土地と併せて「本件
    各不動産」という。）の本件相続の開始日における登記簿上の所有者は、請求
    人であり、本件建物は、平成26年8月24日の新築を原因として、平成27年4月
    15日に表示登記がされ、同月20日に請求人に対する所有権保存登記がされた。

(4) 審査請求に至る経緯

 イ 原処分庁は、本件相続に伴い、平成31年2月4日付で、請求人を含む法定相続
   人全員に対して、本件被相続人の滞納国税（以下「本件滞納国税」という。）に

ついて、通則法第5条第1項及び同条第2項の規定に基づき、各法定相続分に応じて納付義務が承継される旨をそれぞれ通知した。

ロ　原処分庁は、平成31年2月12日、別表3の請求人が承継したとする滞納国税を徴収するため、国税徴収法第47条《差押の要件》第1項及び同条第3項の規定に基づき、同法第68条《不動産の差押の手続及び効力発生時期》第1項に規定する手続により、本件各不動産及び別表4の各不動産を差し押さえた（以下、これらの差押処分を併せて「本件各差押処分」という。）。

ハ　請求人は、民法第938条及び家事事件手続法第201条第5項の規定に基づき、L家庭裁判所に本件相続に係る相続放棄の申述を行い、同申述は、平成○年○月○日付で平成○年（○）第○号事件として受理された。

ニ　請求人は、令和元年5月9日、本件各差押処分に不服があるとして審査請求をした。

2　争　点

　　請求人は、請求人に民法第921条に規定する法定単純承認事由に該当する事実があるものとして、本件滞納国税の納付義務を承継するか否か。

3　争点についての主張

原処分庁	請求人
請求人は、次のとおり、本件被相続人の相続財産の処分又は隠匿を行っており、法定単純承認事由に該当する事実があるため、本件滞納国税の納付義務を承継する。	請求人は、次のとおり、本件被相続人の相続財産の処分又は隠匿を行っておらず、法定単純承認事由に該当する事実はないため、本件滞納国税の納付義務を承継しない。
(1)　本件金員について	(1)　本件金員について
イ　本件金員は、Kが代表者を務めているH社から本件被相続人が受け取るべき本件顧問料を原資としており、本件被相続人の相続財産に該当する。 　　なお、平成30年7月から平成31年1月までにかけて行われたKから請求人	イ　本件金員は、H社から本件被相続人が受け取るべき本件顧問料をKが受け取り、それを請求人に振り込んでいたのであるから、一旦Kの個人財産となっている性質のものであり、振込名義人も実際の出捐者もH社ではなくKで

への500,000円の振込みは、本件被相続人がKに対して500,000円の支払を委任したものとみることができ、Kが主体的に請求人に支払っていたのではなく、Kを経由して支払われていたにすぎない。

ロ　上記イのとおり、本件金員は相続財産であるところ、請求人が行った次の行為は、相続財産の処分に該当する。

(イ)　請求人は、Kに、請求人への500,000円の振込みが継続されるか否かなどを確認している上、本件金員が本件被相続人の報酬としてKから請求人に振り込まれたもので、相続財産であることを認識していたにもかかわらず、何らの異議を述べずに受領していることからすると、当該受領した行為は相続財産の処分に該当する。

(ロ)　請求人が本件金員を出金し、平成30年7月から同年12月までと同様に、生活費として自己の財産に組み入れた行為は、管理行為と考えられる限度を超えており、相続財産の処分に該当する。

あることは明らかである。

また、Kが、請求人から働き掛けられることなく、本件金員を振り込んでいた経緯からすると、相続財産であるとみる余地はない。

ロ　仮に、本件金員が相続財産に該当するとしても、請求人が行った次の行為は、相続財産の処分に該当しない。

(イ)　請求人は、本件金員が本件被相続人の報酬であることを認識しておらず、また、Kが自発的に本件金員を振り込んでいた経緯からすると、請求人が本件金員を受領した行為は、相続財産の処分に該当しない。

さらには、返納済みの本件金員が一時的に振り込まれた事実をもって相続財産の処分とみることは適切ではない。

(ロ)　請求人が本件金員を引き出した行為は、自らの金融機関との消費寄託契約に基づく寄託物返還請求権を行使したにすぎず、また、本件金員は、出金後、封筒に入れてそのままの状態で保管しており、日常的に使用する生活費用の口座に入金していないことから、生活費として自己の財産に組み入れておらず、相続財産の処分と評価する余地はない。

(ハ) 民法第940条《相続の放棄をした者による管理》第１項は、相続放棄をした者は、その放棄によって相続人となった者が相続財産を管理できるまで、相続財産を管理しなければならない旨規定しているところ、請求人は、Ｋに本件金員を返納しており、この行為は、同項の義務に反して行われた相続財産の処分に該当する。

(2) 本件各不動産について

イ 本件各不動産の取得資金は、本件被相続人が負担し、又は本件被相続人の意思により本件被相続人の関係会社等から支出されており、本件被相続人の意思によって、本件被相続人に帰属する財産として取得されたものの、本件被相続人の名義で契約及び登記できないことから請求人名義としたものであって、本件被相続人に帰属する財産である。

そして、その後において、本件被相続人が死亡するまでに贈与等により帰属が変更した事実が認められないことから、本件被相続人が死亡する時点においても、本件被相続人に帰属しており、相続財産に該当する。

ロ 上記イのとおり、本件各不動産は相続財産であるところ、請求人が行った

(ハ) 請求人は、本件金員を相続財産と関係ないものと理解していたところ、原処分庁所属の職員から、本件金員が本件被相続人の給与の一部であり、請求人が相続したとみている旨の見解を述べられたことから、本件金員をＫに返納した。これは相続放棄する者の行為として適切なものであり、相続財産の処分に該当しない。

(2) 本件各不動産について

イ 本件各不動産は、請求人の所有物であり、仮に、本件被相続人が取得資金の一部を捻出していた事実があったとしても、それは、請求人が本件被相続人から貸付金の返済を受け、又は贈与を受けたものにほかならないから、相続財産に該当しない。

ロ 仮に、本件各不動産の一部が本件被相続人の所有に係る相続財産であると

次の行為は、法定単純承認事由に該当する。	しても、請求人には、次のとおり、法定単純承認事由に該当する事実はない。
(イ) 本件各不動産が請求人名義であることを奇貨とし、あたかも請求人固有の財産のように装っていた行為は、相続財産の一部の隠匿に該当する。	(イ) 請求人には、本件各不動産が相続財産であるという認識が微塵もなかったため、主観的要件に欠け、相続財産の一部の隠匿に該当しない。
(ロ) 本件各不動産を売却しようとした行為は、相続財産の処分に該当する。	(ロ) 法律上であるか事実上であるかを問わず、何らの処分行為がない以上、法定単純承認事由に該当する相続財産の処分は存在しない。

4 当審判所の判断

(1) 認定事実

　請求人提出資料、原処分関係資料並びに当審判所の調査及び審理の結果によれば、以下の事実が認められる。

　イ　本件金員について

　　(イ)　本件被相続人の破産

　　　本件被相続人は、平成○年○月○日、債権者から破産手続開始の申立てを受け、平成○年○月○日に破産手続開始が決定され、平成○年○月○日付で免責許可の決定を受けた。

　　(ロ)　H社と本件被相続人の間の契約等

　　　H社は、遅くとも平成28年頃には、本件被相続人との間で、顧問料を月額1,000,000円とする顧問契約を締結し、本件被相続人に対して、本件顧問料を支払うようになった。

　　　なお、本件被相続人は、本件被相続人名義の預金口座はいつ差し押さえられるか分からないとして、H社の代表取締役であるKに対し、本件顧問料を現金で渡してほしい旨申し出たところ、Kは、これを了承し、毎月、本件被相続人に本件顧問料のうち500,000円を現金で渡し、源泉徴収に係る所得税等を控除

した後の残額は、H社の本件被相続人に対する貸付金の返済に充てることとした。

(ハ) Kの本件○○口座への振込みの経緯

A 本件被相続人は、平成30年6月頃、H社の代表取締役であるKに対し、上記(ロ)の現金で受け取ることとしていた本件顧問料のうちの500,000円について、本件○○口座に振り込むよう依頼した。

B Kは、H社と直接関係のない請求人名義の本件○○口座にH社から振り込むことにより後日問題が発生する可能性を回避するため、上記(ロ)の本件被相続人に現金で支払うこととしていた本件顧問料のうちの500,000円について、K個人の預金口座から本件○○口座に振り込むこととした。

(ニ) 本件被相続人のKに対する上記(ロ)及び(ハ)のA以外の依頼

本件被相続人は、平成28年又は平成29年頃から、Kに対して、本件被相続人の死後、請求人との間の末子が成人するまで請求人の面倒を見てほしい旨依頼しており、本件○○口座に本件顧問料の一部を振り込むようになった平成30年7月以後においては、本件被相続人の死後も、請求人に毎月500,000円を振り込み、生活を援助するよう依頼していた。

(ホ) 本件相続の開始後におけるKによる本件○○口座への振込み

A Kは、平成31年1月25日、本件相続の開始前までと同様に、平成30年12月分の本件顧問料の一部として、同人名義の預金口座から本件金員を本件○○口座に振り込んだ。

B Kは、平成31年2月26日、同人名義の預金口座から自己資金にて500,000円を本件○○口座に振り込んだ。

(ヘ) 本件相続の開始後における請求人による本件○○口座からの出金等

A 請求人は、平成31年1月29日、本件○○口座から本件金員相当額を出金した。

B 請求人は、平成31年2月26日の本件○○口座への振込み500,000円がKの自己資金によるものであることを知り、同年3月12日、請求人の子の入学祝い金として受け取ることとした100,000円を控除した残額400,000円をKに振込みの方法により返金するとともに、100,000円を現金で出金した。

C 請求人は、平成31年3月26日、原処分庁所属の職員から、本件金員が本件

被相続人の相続財産に該当する旨聞いたことから、同月27日、本件○○口座に500,000円を入金し、同口座から、振込みの方法により500,000円をKに送金した。

(ト)　請求人の認識

　　請求人は、本件○○口座に毎月振り込まれる500,000円が、本件被相続人の給与の一部が生活費として振り込まれたものであると認識しており、本件金員が、平成30年12月分の本件被相続人の給与の一部が振り込まれたものであると認識していた。

(チ)　本件顧問料に係るH社の経理処理等

　A　H社は、平成30年7月から同年12月までの間において、毎月末日、本件顧問料として1,000,000円を、本件顧問料の源泉徴収に係る所得税等の預り金として102,100円を、本件被相続人に対する未払金として897,900円を、それぞれ計上した。

　　そして、H社は、平成30年12月31日、同月分の本件顧問料に係る未払金として未払金勘定に897,900円を計上した。

　　以下、平成30年12月31日に未払金勘定に計上された、本件被相続人の同月分の報酬債権を「本件報酬債権」という。

　B　H社は、別表5の「本件顧問料の支払日」欄のとおり、毎月26日から末日までの間において、H社の普通預金口座から897,900円を出金してKに支払っており、本件報酬債権については、平成31年1月31日、H社の普通預金口座から897,900円を出金してKに支払った。

(リ)　本件相続の開始前における請求人による預金の解約

　　請求人は、平成30年12月25日、請求人名義のM銀行の預金を解約し、9,562,633円の現金を受け取った。

ロ　本件各不動産について

(イ)　取得契約等

　A　本件土地について、平成25年11月26日、売主をN、買主を当時P社の取締役を本件被相続人と共に務めていたQ、売買代金を27,620,000円として、売買契約が締結された。

　　なお、本件土地について、上記1の(3)のホの(イ)のとおり、平成26年4月4

日売買を原因として同月8日にNからDへの所有権移転登記がされているが、当該登記に係る登記申請書には、登記原因証明情報として、売渡人をN、買受人をDとする、同月4日付の売渡証書が添付されている。

B　本件建物については、平成26年4月4日、発注者をD、請負者をR社（現商号は、S社である。）、請負代金を49,140,000円（工事価格45,500,000円、消費税及び地方消費税額3,640,000円）として、工事請負契約が締結された。

(ロ)　代金決済状況

A　上記(イ)のAの本件土地の売買契約については、売買契約が締結された当日に2,760,000円が現金で支払われ、残額については、平成26年1月27日、固定資産税及び都市計画税の精算分〇〇〇〇円を含めた〇〇〇〇円が、Q名義で、N名義の預金口座に振り込まれた。

B　上記(イ)のBの本件建物の工事請負契約については、別表6の「振込名義」欄のとおり、P社、T社の代表取締役であるU及び請求人の各名義で、追加工事に係る代金を含めて決済がされているところ、請求人名義の、平成27年2月5日の10,000,000円の振込みは、T社が振込名義人を請求人として振り込んだものであり、請求人名義の、同年3月6日の3,000,000円、同月27日の3,500,000円及び同年4月8日の40,000円の振込みは、いずれも、P社が振込名義人を請求人として振り込んだものである。

(2)　法令解釈

イ　民法第921条第1号は、相続人が単純承認をしない限りしてはならない行為があれば、黙示の単純承認があると推認できるし、また、第三者から見て単純承認があったと信ずるのが当然であるから、このような場合に、相続人の処分を信頼した相続債権者等の保護が必要であり、その保護を図ったものである。

そのため、民法第921条第1号に規定する「処分」とは、相続人が自己のために相続が開始したことを知りながら相続財産を処分したか、少なくとも相続人が被相続人の死亡した事実を確実に予想しながらあえてその処分をしたことが必要とされる。

また、民法第921条第1号に規定する「相続財産の処分」は、相続人が相続財産であることを知って処分した場合にのみ適用があると解される。

そして、「処分」には、相続財産を売却するなどの法律行為だけでなく、物品

を壊すなどの事実行為も含まれ、処分といい得るためには、それが相続財産の経済的価値を減少させる行為であることが必要であると解される。

　加えて、民法第921条第1号は、相続の承認又は放棄を行っていない相続人が相続財産を処分した場合のみに関する規定であり、相続人が一旦有効に相続放棄を行った後に相続財産を処分した場合に適用される規定ではなく、相続人が一旦相続放棄を行った後に相続財産を処分したときは、これについて別にその責めを負うことがあるとしても、このために既に行った相続放棄を無効とすることはできないものと解されている。

ロ　相続人が相続放棄をする一方で、相続財産の隠匿等の行為をした場合には、被相続人の債権者等の利害関係人が相続財産を把握できない等の不利益を被ることになってしまうことから、民法第921条第3号は、このような相続人による被相続人の債権者等に対する背信的行為に関する民法上の一種の制裁として、相続人に単純承認の効果を発生させることとしたものである。

　したがって、民法第921条第3号に規定する相続財産の「隠匿」とは、相続人が被相続人の債権者等にとって相続財産の全部又は一部について、その所在を不明にする行為をいうと解され、また、同号を適用するためには、その行為の結果、被相続人の債権者等の利害関係人に損害を与えるおそれがあることを認識している必要があるが、必ずしも、被相続人の特定の債権者の債権回収を困難にするような意図、目的までも有している必要はないというべきであると解されている。

ハ　不動産に係る登記簿上の所有権の登記名義人は、反証のない限り、当該不動産を所有するものと推定すべきであると解されている。

(3)　検討

イ　本件金員が相続財産であるか否かについて

　本件報酬債権は、上記(1)のイの(チ)のBのとおり、本件相続の開始の時点において存在しているから、本件被相続人の相続財産に該当するところ、原処分庁は、上記3の「原処分庁」欄の(1)のイのとおり、本件金員は、H社から本件被相続人が受け取るべき本件顧問料が原資であるから、相続財産に該当する旨主張し、請求人は、上記3の「請求人」欄の(1)のイのとおり、本件金員は、一旦Kの個人財産となっている性質のもので、振込名義人も実際の出捐者もH社ではなくKであり、また、Kが請求人から働き掛けられることなく振り込んでいた経緯からする

— 14 —

と、相続財産であるとみる余地はない旨主張するので、以下検討する。

㈠　Ｋは、本件被相続人から、本件顧問料のうち500,000円を毎月本件○○口座
　　へ振り込んでほしいとの依頼を受け、平成30年７月以降、毎月500,000円を本件
　　○○口座へ振り込んでいるところ、Ｋは、上記⑴のイの㈥のＢのとおり、Ｈ社
　　と関係のない請求人に対してＨ社から振り込むことにより後日問題が発生する
　　可能性を回避するため、Ｋ名義で本件顧問料のうち500,000円を本件○○口座
　　に振り込んだ。

　　　ところで、Ｋは、Ｈ社の代表取締役であるところ、会社法第349条《株式会
　　社の代表》第４項の規定により、代表取締役は、株式会社の業務に関する一切
　　の裁判上又は裁判外の行為をする権限を有するから、Ｈ社の業務に関するＫの
　　行為は、Ｈ社の行為であると認められる。

　　　加えて、Ｋ名義の預金口座を介しての本件顧問料の支払は、平成30年７月か
　　ら本件被相続人が死亡するまでの間、半年間継続していたところ、当審判所の
　　調査によっても、当事者である本件被相続人から異議が唱えられた形跡もない
　　ことから、当該支払は、本件被相続人からＨ社に対する委任事項に沿って、関
　　係者の合意の下進められていたものと認められる。

　　　そうすると、本件○○口座へのＫ名義の振込みは、Ｈ社と本件被相続人との
　　間の、Ｈ社が本件顧問料のうち500,000円を本件○○口座に振り込むという委
　　任契約（以下「本件委任契約」という。）に基づき、ＫがＫ名義で本件顧問料
　　の一部を振り込んだものであると認められる。

㈡　そして、本件金員は、本件相続の開始後本件○○口座に振り込まれたもので
　　あるが、①上記⑴のイの㈣のとおり、本件被相続人は、Ｋに、本件被相続人の
　　死後も請求人の生活の面倒を見るよう依頼しており、②上記⑴のイの㈤のＡの
　　とおり、本件金員は、本件被相続人の生前に本件委任契約に基づき支払われた
　　本件顧問料と同様の方法により支払われ、③上記⑴のイの㈦のとおり、Ｈ社は、
　　本件報酬債権についても本件被相続人の生前と同様に経理処理をしていること
　　からすれば、Ｈ社と本件被相続人の間に、本件被相続人の死亡によっても本件
　　委任契約を終了させない旨の合意があったものと推認され、本件委任契約は、
　　本件被相続人の死亡によって終了していないものと認めるのが相当であるから、
　　本件金員は、本件委任契約に基づいて振り込まれたものであると認められる。

(ハ)　次に、本件金員は、平成31年1月25日に本件○○口座に振り込まれ、本件報酬債権は、同月31日にH社の普通預金口座から支払われているが、Kが、請求人の生活費に充てる金員であるから遅くならないように意識して振り込んでいた旨答述していることからすれば、本件金員は、本件委任契約に係る委任事務を遂行する便宜上、Kが500,000円を一時的に立て替えて、事前に本件顧問料の一部の振込みを行っていたものと認めるのが相当である。

(ニ)　そうすると、本件金員は、本件委任契約に基づき振り込まれたものであり、その原資が本件報酬債権であることから、本件報酬債権の一部が化体した相続財産であると認められる。

ロ　本件金員を処分したか否かについて

　　上記イの(ニ)のとおり、本件金員は、相続財産に該当するので、請求人が本件金員を処分したか否かについて、以下検討する。

(イ)　本件金員に対する請求人の認識

　　民法第921条第1号に規定する「相続財産の処分」は、上記(2)のイのとおり、相続人が相続財産であることを知りながら処分した場合に適用があると解されるところ、請求人は、上記(1)のイの(ト)のとおり、本件○○口座に毎月振り込まれる500,000円が、本件被相続人の給与の一部が生活費として振り込まれたものであると認識しており、本件金員が、平成30年12月分の本件被相続人の給与の一部が振り込まれたものであると認識していたことからすれば、請求人は、本件金員が相続財産であるとの認識を有していたものと認められる。

(ロ)　本件金員の本件○○口座への振込み

　　民法第921条第1号に規定する「相続財産の処分」とは、上記(2)のイのとおり、相続人自身がする処分であると解される。

　　そうすると、平成31年1月25日の本件金員の本件○○口座への振込みは、上記(1)のイの(ホ)のAのとおり、H社の代表取締役であるKが、本件委任契約に基づいて振り込んだものであり、請求人の行為ではない。

　　したがって、本件金員の本件○○口座への振込みは、相続財産の処分に該当しない。

(ハ)　本件金員相当額の本件○○口座からの出金

　　A　上記(1)のイの(ヘ)のAのとおり、請求人は、平成31年1月29日に本件金員相

当額の500,000円を本件○○口座から出金しているところ、本件○○口座は、請求人名義であるため、本件金員相当額の500,000円を現金で出金しても、保管の態様が○○口座からの払戻請求権から現金に換わるだけで、費消されやすくはなるものの、占有者が変更されるわけではない。

　そうすると、請求人が、本件○○口座から本件金員相当額を出金したことのみでは、相続財産の処分には該当しない。

B　そこで、請求人が本件○○口座から出金した本件金員相当額について、請求人の処分行為があったか否かについて、以下検討する。

　請求人は、①本件○○口座に平成30年12月までに振り込まれた500,000円は、本件○○口座から引き出して、その一部を公共料金等が引き落とされる別のJ銀行の口座に預け入れ、残りの現金は封筒に入れて自宅のたんすに保管し、その現金から生活費を支払っていたため毎月大体残額は無かった旨、②平成31年１月にｄ市から現住所地に引っ越した際に預金口座を解約した現金が5,000,000円程度あり、その現金から引っ越し代や生活費を支払っていたため、同月29日に本件○○口座から出金した500,000円は封筒に入れたまま使わずに残していた旨答述しているところ、上記(1)のイの(リ)のとおり、請求人は、平成30年12月25日、請求人名義のＭ銀行の預金を解約し、9,562,633円の現金を受け取っている事実が認められることからすると、本件○○口座から出金した500,000円は封筒に入れたまま使わずに残していた旨の請求人の答述は不合理とはいえず、当該答述の信用性を否定し、出金した500,000円を請求人が一部でも費消したことを認めるに足りる証拠はない。

　そして、当審判所の調査によっても、請求人が、平成31年１月29日に本件○○口座から出金した本件金員相当額の500,000円を費消していたという事実は認められない。

　そうすると、本件においては、請求人が、本件○○口座から出金した本件金員相当額の現金を、本件相続に係る相続放棄の申述が受理されるまでに一部でも費消したという事実が認められない限り、本件相続に係る相続財産の経済的価値を減少させる請求人の行為があったとは言い難いことから、請求人が本件○○口座から本件金員相当額の現金を出金したことのみでは、相続財産の処分に該当する事実があったとはいえない。

(ニ)　Kに対する500,000円の送金

A　上記(2)のイのとおり、民法第921条第1号は、相続の承認又は放棄を行っていない相続人が相続財産を処分した場合のみに関する規定であり、相続人が一旦有効に相続放棄を行った後で相続財産を処分した場合に適用される規定ではないと解されている。

B　上記1の(4)のハのとおり、請求人の相続放棄の申述は平成○年○月○日に受理されているところ、家事事件手続法第201条第7項の規定によれば、相続放棄の申述の受理の審判がされて、申述書にその旨が記載された時に当該申述の受理の効力を生ずるから、請求人の相続放棄の申述の受理は、同日に効力を生じた。

C　そうすると、請求人は、上記(1)のイの(ヘ)のCのとおり、相続放棄の申述が有効となった平成○年○月○日より後の同月27日に本件金員相当額の500,000円をKに送金しているが、仮に当該送金が本件金員の返金であり、「相続財産の処分」に該当する行為であるとしても、相続放棄の申述が有効となった同月○日より後の行為であるから、この行為に民法第921条第1号を適用することはできない。

(ホ)　小括

上記(イ)のとおり、請求人は、本件金員が相続財産であるとの認識を有していたが、上記(ロ)から(ニ)までのとおり、本件金員について、民法第921条第1号に規定する相続財産の処分に該当する事実はない。

ハ　本件各不動産について

上記1の(3)のホのとおり、本件各不動産の登記簿上の所有者は請求人であるところ、上記(2)のハのとおり、不動産に係る登記簿上の所有権の登記名義人は、反証のない限り、当該不動産を所有するものと推定すべきであると解されている。

ところで、原処分庁は、上記3の「原処分庁」欄の(2)のイのとおり、本件各不動産の取得代金決済の状況から、本件各不動産が本件被相続人に帰属する財産である旨主張する。

確かに、上記(1)のロの(イ)のAのとおり、本件土地の売買契約は、買主をQとして締結され、上記(1)のロの(ロ)のとおり、本件各不動産の取得代金が、請求人以外の名義で、又は請求人以外の者が振込名義人を請求人として決済されているもの

があるものの、原処分庁が提出した証拠では、その資金を本件被相続人が出捐したこと、又は本件被相続人の意思によりQ等が支出したことを裏付けるには足りず、当審判所の調査によっても、本件各不動産が本件被相続人に帰属する財産であることを認めるに足りる証拠はない。

　　よって、本件各不動産は、登記簿上の所有権の登記名義人である請求人が所有するものと認められ、本件各不動産が本件被相続人に帰属する財産、すなわち相続財産であると認めることができないから、相続財産の一部の隠匿及び相続財産の処分の有無のいずれの検討を行うまでもなく、本件各不動産について、法定単純承認事由に該当する事実はない。

ニ　まとめ

　　以上のとおり、本件金員は、相続財産であるものの相続財産の処分に該当する事実はなく、本件各不動産は、相続財産ではないから、本件金員及び本件各不動産について、請求人に法定単純承認事由に該当する事実はない。

　　そして、請求人には、ほかに法定単純承認事由に該当する事実は認められないから、請求人の本件相続に係る相続放棄の申述は有効であり、民法第939条の規定により、請求人は、本件相続に関しては、初めから相続人とならなかったものとみなされ、本件滞納国税の納付義務を承継しない。

(4)　原処分庁の主張について

　　原処分庁は、上記3の「原処分庁」欄の(1)のロのとおり、①本件金員が本件被相続人の報酬として振り込まれたもので、相続財産であることを認識していたにもかかわらず、何らの異議を述べずに受領していることからすると、当該受領した行為は相続財産の処分に該当する旨、②請求人が本件金員を出金し、平成30年7月から同年12月までと同様に、生活費として自己の財産に組み入れた行為は、管理行為と考えられる限度を超えており、相続財産の処分に該当する旨、③相続放棄をした者は、民法第940条第1項により、その放棄によって相続人となった者が相続財産を管理できるまで、相続財産を管理しなければならないところ、同項の義務に反して行われた本件金員のKへの返納は相続財産の処分に該当する旨、それぞれ主張する。

　　しかしながら、原処分庁が主張する上記①については、本件金員は、本件委任契約に基づいて本件○○口座に振り込まれたものにすぎず、本件金員の本件○○口座への振込みが相続財産の処分に該当しないことは、上記(3)のロの(ロ)のとおりである

から、この点に関する原処分庁の主張には理由がない。

　また、上記②については、請求人が本件金員相当額を本件○○口座から出金した
ことのみでは相続財産の処分に該当せず、請求人が本件金員相当額の500,000円を
一部でも費消した事実が認められない以上、相続財産の処分に該当しないことは、
上記(3)のロの(ハ)のとおりであるから、この点に関する原処分庁の主張には理由がな
い。

　そして、上記③については、相続放棄の申述が有効となった後の行為であり、当
該行為に民法第921条第1号を適用することができないことは、上記(3)のロの(ニ)の
Cのとおりであるから、この点に関する原処分庁の主張には理由がない。

(5)　本件各差押処分について

　上記(3)のニのとおり、請求人は、本件滞納国税の納付義務を承継しないから、請
求人が本件滞納国税の納付義務を承継したことを前提として行われた本件各差押処
分は違法である。

(6)　結論

　よって、審査請求には理由があるから、原処分の全部を取り消すこととする。

別表1　本件○○口座の入出金（平成30年4月19日から平成31年3月31日まで）（省略）

別表2　d市e町の不動産の内訳（省略）

別表3　請求人が承継したとする滞納国税の明細（平成31年2月12日現在）（省略）

別表4　a市の不動産の内訳（省略）

別表5　本件顧問料の支払日と本件○○口座への500,000円の振込日の関係（省略）

別表6　本件建物の工事請負契約（追加工事を含む。）に係る代金の決済状況（省略）

別紙

関係法令の要旨

1 国税通則法

国税通則法（以下「通則法」という。）第5条《相続による国税の納付義務の承継》第1項は、相続があった場合には、相続人は、その被相続人に課されるべき、又はその被相続人が納付し、若しくは徴収されるべき国税（その滞納処分費を含む。）を納める義務を承継する旨、同条第2項は、前項前段の場合において、相続人が二人以上あるときは、各相続人が同項前段の規定により承継する国税の額は、同項の国税の額を民法第900条《法定相続分》から第902条《遺言による相続分の指定》までの規定によるその相続分により按分して計算した額とする旨、それぞれ規定している。

2 民法

(1) 民法第921条《法定単純承認》は、同条各号に該当する場合には、相続人は単純承認したものとみなす旨規定し、同条第1号は、相続人が相続財産の全部又は一部を処分したときを、同条第3号は、相続人が、相続の放棄をした後であっても、相続財産の全部若しくは一部を隠匿し、私にこれを消費したときを、それぞれ規定し、同条第3号ただし書は、その相続人が相続の放棄をしたことによって相続人となった者が相続の承認をした後は、この限りでない旨規定している。

(2) 民法第938条《相続の放棄の方式》は、相続の放棄をしようとする者は、その旨を家庭裁判所に申述しなければならない旨規定している。

(3) 民法第939条《相続の放棄の効力》は、相続の放棄をした者は、その相続に関しては、初めから相続人とならなかったものとみなす旨規定している。

3 家事事件手続法

家事事件手続法第201条第5項は、相続の放棄の申述は、当事者及び法定代理人並びに相続の放棄をする旨を記載した申述書を家庭裁判所に提出してしなければならない旨、同条第7項は、家庭裁判所は、同条第5項の申述の受理を審判するときは、申述書にその旨を記載しなければならず、当該審判は、申述書にその旨を記載した時に、その効力を生ずる旨、それぞれ規定している。

二　所得税法関係

〈令和2年4月〜6月分〉

事例2 （不動産所得 地代等）

　　請求人と同人が代表である法人との間で締結された請求人所有の土地の賃貸借契約
について、契約書に記載された契約期間後まで契約書記載の賃料収入が維持されてい
たとは認められないとした事例（①平成25年分以後の所得税の青色申告の承認の取消
処分、②平成25年分から平成29年分の所得税及び復興特別所得税の各決定処分並びに
無申告加算税の各賦課決定処分、③平成25年1月1日から平成29年12月31日までの各
課税期間の消費税及び地方消費税の各決定処分並びに無申告加算税の各賦課決定処
分・①棄却、②③全部取消し、一部取消し、棄却・令和2年4月21日裁決）

《ポイント》

　本事例は、請求人と同人が代表である法人との間で締結された請求人所有の土地の
賃貸借契約について、当該契約に係る契約書に記載された契約期間後まで当該契約書
記載の賃料収入が維持されていたとは認められず、請求人主張額の賃料収入があった
と認めるのが相当であり、他方でこれを上回る賃料収入があったことを認めるに足る
証拠はないとしたものである。

《要旨》

　原処分庁は、請求人が同人が代表取締役である法人（本件法人）と過去に請求人所有
の土地（本件土地）に係る賃貸借契約（本件契約）を締結し、本件契約に係る契約書に
記載された契約期間（本件契約期間）後、本件法人が、本件土地を別法人に転貸する旨
の契約を締結して賃料収入を得ていたことからすると、請求人と本件法人は本件契約を
更新していたと推認することができるとして、請求人は、本件契約期間後も本件契約に
定める賃料の金額を本件法人から賃料収入として得ていた旨主張する。

　しかしながら、本件契約期間後の期間における契約書等の客観的証拠はなく、本件契
約期間後の期間における契約が、賃料も含めて本件契約の条件と同一内容で更新された
ものであったと認めることはできない一方、請求人は本件法人から得た本件土地の賃料
収入について、その具体的金額等を当審判所に対し証拠として提出していることからす
ると、少なくとも同金額の賃料収入があったと認めるのが相当であり、他方で、これを
上回る賃料収入があったことを認めるに足る証拠はない。

《参照条文等》

　　所得税法第36条第 1 項

　　所得税法第150条第 1 項第 1 号

　　消費税法第 6 条第 1 項

《参考判決・裁決》

　　最高裁昭和49年 3 月 8 日第二小法廷判決（民集28巻 2 号186頁）

　　最高裁昭和53年 2 月24日第二小法廷判決（民集32巻 1 号43頁）

（令和2年4月21日裁決）

《裁決書（抄）》

1 事 実

(1) 事案の概要

本件は、原処分庁が、審査請求人（以下「請求人」という。）がその所有する土地について賃料及び賃料相当損害金等の収入があったにもかかわらず確定申告をしなかったとして、所得税等及び消費税等の決定処分並びに無申告加算税の賦課決定処分を行うとともに、帳簿書類の不備を理由に所得税の青色申告の承認の取消処分を行ったところ、請求人が、原処分庁が決定した各年分の不動産所得に係る総収入金額及び課税資産の譲渡等の対価の額に誤りがあるなどとして、原処分の全部又は一部（請求人の主張する税額を超える部分）の取消しを求めた事案である。

(2) 関係法令等

関係法令等は別紙9のとおりである。なお、別紙9で定義した略語については、以下、本文及び別表においても使用する。

(3) 基礎事実

当審判所の調査及び審理の結果によれば、以下の事実が認められる。

以下では、所得税及び復興特別所得税を「所得税等」といい、消費税及び地方消費税を「消費税等」という。また、所得税等に係る平成25年分から平成29年分までの各年分を併せて「本件各年分」といい、消費税等の各課税期間につきその暦年をもって表記し（例えば、平成25年1月1日から同年12月31日までの課税期間を「平成25年課税期間」という。）、平成25年課税期間から平成29年課税期間までの各課税期間を併せて「本件各課税期間」という。

イ 請求人

請求人は、別表1記載の各土地（以下、別表1の順号1の土地を「本件土地1」、同表の順号2の土地を「本件土地2」といい、これらを併せて「本件各土地」という。）に係る不動産貸付業を営む個人事業者である。

請求人は、本件土地1を昭和52年に相続を原因として、本件土地2を平成元年に売買を原因として、それぞれ取得した。

ロ F社

F社は、平成○年○月○日、不動産の有効利用に関する賃貸等及びこれらに附

— 27 —

帯する一切の事業を目的として設立された法人である。

　　請求人は、Ｆ社の設立時から代表取締役を務めており、その発行済の全株式を
　所有している。

ハ　請求人は、平成23年３月14日、原処分庁に対し、平成22年７月１日から不動産
　所得を生ずべき業務を開始したとして、平成23年分以後の所得税の申告は青色申
　告書によりたいとする所得税の青色申告承認申請書を提出し、同年分以降の所得
　税について、青色申告の承認を受けた。

　　また、請求人は、平成23年５月19日、原処分庁に対し、平成22年７月１日から
　土地の有効活用を内容とする事業を開業したとする個人事業の開業届出書を提出
　した。

ニ　本件各土地に係る訴訟の経過等

　(イ)　請求人は、請求人の父であるＧ及び同人が代表取締役を務めるＨ社（以下、
　　同人及び同社を併せて「Ｇら」という。）が、平成17年12月１日から平成22年
　　４月30日までの間、請求人に無断で本件各土地を駐車場として貸し付け、賃料
　　収入を得ていたとして、Ｇらに対し、賃料収入に相当する損害賠償金又は不当
　　利得金等の支払を求め、Ｊ地方裁判所に訴訟を提起した（Ｊ地方裁判所平成○
　　年（○）第○号○○○事件）。

　(ロ)　Ｇらは、請求人の提起した上記(イ)の訴訟において、本件各土地の貸付けには
　　請求人の承諾又は追認があったとして不法行為及び不当利得の成立を争うなど
　　して、請求棄却の判決を求めたものの、Ｊ地方裁判所は、平成○年○月○日、
　　ＧがＨ社の代表者として請求人に無断で本件各土地を貸し付けたと認定し、こ
　　のことは不法行為に該当するとして、Ｇらに対し、本件各土地に係る平成17年
　　12月１日から平成22年４月30日までの間の賃料相当損害金○○○○円（以下
　　「本件損害金」という。）及び弁護士費用7,000,000円並びにこれらに対する別紙
　　10遅延損害金目録記載の金額につき同記載の日から各支払済みまでの年５分の
　　割合による遅延損害金（うち、本件損害金に係る遅延損害金を、以下「本件遅
　　延金」という。なお、本件遅延金は、別紙10遅延損害金目録のNo.1からNo.52、
　　及びNo.53のうち7,000,000円を控除した○○○○円に対する遅延損害金である。）
　　の連帯支払を命じる判決（以下「本件判決」という。）を言い渡した。

　(ハ)　Ｇらは、上記(ロ)の判決を不服として控訴した（Ｋ高等裁判所平成○年（○）

第○号○○○事件）が、平成○年○月○日、K高等裁判所は、Gらの控訴を棄却する判決を言い渡し、同判決は、同年○月○日に確定した。

(4) 審査請求に至る経緯

イ　請求人は、本件各年分の所得税等及び本件各課税期間に係る消費税等の各確定申告書を法定申告期限までに提出しなかった。

ロ　原処分庁所属の調査担当職員（以下「調査担当職員」という。）は、平成30年8月28日、国税通則法（以下「通則法」という。）第74条の9《納税義務者に対する調査の事前通知等》第1項に規定する事前通知をすることなく、請求人に対する実地の調査を開始した（以下、これにより開始された請求人に対する一連の調査を「本件調査」という。）。

ハ　請求人は、平成31年2月20日、L税務署において、調査担当職員から通則法第74条の11《調査の終了の際の手続》第2項に基づく本件調査に係る調査結果の説明を受け、また、本件各年分の所得税等及び本件各課税期間に係る消費税等の各期限後申告の勧奨を受けたが、当該勧奨には応じず、期限後申告書をいずれも提出しなかった。

ニ　原処分庁は、平成31年3月6日付で、平成25年分以後の所得税の青色申告の承認の取消処分（以下「本件青色取消処分」という。）を行うとともに、同日付で、別表2のとおり、本件各年分の所得税等の各決定処分（以下「本件所得税各決定処分」という。）及び無申告加算税の各賦課決定処分（以下、本件所得税各決定処分と併せて「本件所得税各決定処分等」という。）をした。

　　また、原処分庁は、平成31年3月6日付で、請求人が、本件調査において、消費税法第30条第7項に規定する帳簿及び請求書等を保存しない場合に該当するなどとして、別表3のとおり、仕入税額控除を適用せず、本件各課税期間の消費税等の各決定処分（以下「本件消費税各決定処分」という。）及び無申告加算税の各賦課決定処分（以下、本件消費税各決定処分と併せて「本件消費税各決定処分等」という。）をした。

ホ　請求人は、令和元年5月30日、本件青色取消処分の取消し、並びに本件所得税各決定処分等及び本件消費税各決定処分等の全部又は一部（請求人の主張する税額を超える部分）の取消しを求めて、審査請求をした。

2　争　点

(1) 請求人に、所得税法第150条第1項第1号に規定する青色申告の承認の取消事由
があるか否か（争点1）。

(2) 本件各年分の不動産所得の金額はいくらか（争点2）。

(3) 本件各課税期間に係る消費税等の税額はいくらか（争点3）。

(4) 本件調査の手続に原処分を取り消すべき違法があるか否か（争点4）。

3 争点についての主張

(1) 争点1（青色申告の承認の取消事由の有無）について

原処分庁	請求人
調査担当職員は、本件調査において、請求人に対し、再三再四、調査協力及び帳簿書類の提示を要請するとともに、帳簿書類の提示がなかった場合における所得税の青色申告の承認の取消しに係る不利益についても説明した。しかるに、請求人は、帳簿書類を見せるつもりはないなどとして、帳簿書類を一切提示せず、調査担当職員の上記要請に応じなかった。 　このことからすると、請求人は、税務職員の検査に当たって適時に提示することが可能なように態勢を整えて本件各年分の帳簿書類を保存していなかったものといえ、請求人には、所得税法第150条第1項第1号に規定する場合に該当する事実があるといえる。	原処分庁の主張は争う。 　請求人が調査担当職員から要請を受けたという事実はなく、調査担当職員が、一方的に持論を展開しただけである。

(2) 争点2（本件各年分の不動産所得の金額）について

原処分庁	請求人
本件各年分の不動産所得の金額は、別表4－1の各「本件所得税各決定処分の	本件各年分の不動産所得の金額は、別表4－1の各「請求人主張額」欄のとお

額」欄のとおりであり、その収入金額の具体的内容は以下のとおりである。

イ　本件損害金及び本件遅延金について
　(イ)　所得税基本通達36－5《不動産所得の総収入金額の収入すべき時期》の(2)は、賃貸借契約の存否の係争等に係る判決により不動産の所有者が受けることとなった既往の期間に対応する賃貸料相当額は、その判決のあった日を収入すべき日とする旨定めているところ、本件損害金及び本件判決に係る控訴棄却判決の言渡し日（平成○年○月○日）までの本件遅延金（○○○○円）は、上記控訴棄却判決により、請求人がGらから支払を受けることとなったものであるから、平成25年分の不動産所得の収入金額となる。
　(ロ)　本件判決に係る控訴棄却判決の言渡し日の翌日から本件損害金の完済まで（なお、平成28年9月26日に残額全額が弁済供託されている。）の本件遅延金は、本件各年分の12月31日（平成28年分は9月26日）時点における本件損害金の未払金に対して年5分の割合で計算した金額（平成25年分は○○○○円、平成26年分は○○○○円、平成27年分は○○○○

りであり、これに反する原処分庁の主張は全て争う。なお、個別の反論は以下のとおりである。

イ　本件損害金及び本件遅延金について
　本件各土地に関する訴訟は、平成17年に起こった事件についてのものであり、既に10年以上も経過しているものであるから、請求人が時効を主張するまでもなく、本件損害金及び本件遅延金について課税することはできない。また、判決に基づく金銭の授受については非課税となるから、この点からも、本件損害金及び本件遅延金について課税することはできないというべきである。

円、平成28年分は○○○○円）が本件各年分（平成29年分を除く。）の各不動産所得の収入金額となる。

ロ　賃料収入について

(イ)　平成25年1月1日から平成26年8月31日までの期間

　　請求人は、平成22年6月10日付で、M社との間で、本件各土地を月額○○○○円で賃貸する旨の賃貸借契約を締結し、当該契約に基づき、平成25年には○○○○円の、平成26年には○○○○円の各賃料収入を得ており、これらは当該各年分の不動産所得の収入金額となる。

(ロ)　平成26年9月1日から平成29年12月31日までの期間

　　請求人は、平成22年6月15日付で、F社との間で、賃貸期間を同年7月1日から平成24年6月30日まで、月額賃料を○○○○円で、本件各土地を賃貸する旨の賃貸借契約を締結した。

　　そして、F社は、平成26年7月10日付で、N社との間で、本件各土地を転貸する旨の賃貸借契約を締結し、当該契約に基づき、同年9月11日から平成29年12月31日までの期間も、同社から賃料収入を得ていた。

　　そうすると、請求人とF社は、上

ロ　賃料収入について

　　請求人は、原処分庁に対し、本件各土地に係る賃貸借契約の内容を開示していないのであるから、原処分庁が決定した不動産所得の金額には根拠がなく、誤りである。

記のＦ社との賃貸借契約を更新して
いたものと推認することができる。

　よって、請求人は、平成26年９月
１日以後、Ｆ社から月額○○○○円
の賃料収入を得ており、平成26年に
は○○○○円の、平成27年から平成
29年までは各○○○○円の各賃料収
入を得ていたと認められ、これらは
当該各年分の不動産所得の収入金額
となる。

(3)　争点３（本件各課税期間に係る消費税等の税額）について

原処分庁	請求人
別表４－１の「本件所得税各決定処分の額」の各①欄のとおりの不動産所得に係る総収入金額に基づき算定した本件各課税期間における課税売上高は、別表４－２の「本件消費税各決定処分の額」の各①欄のとおりである。 　なお、本件損害金については、その実質が、駐車場の用に供することを目的とする本件各土地の貸付けに係る賃料であることから、課税資産の譲渡等の対価に該当するものである。 　また、請求人は、消費税法第30条第７項に規定する要件を満たしていないから、本件各課税期間の控除対象仕入税額は零円である。 　したがって、本件各課税期間に係る消	本件各課税期間に係る消費税等の税額等は、別表４－２の各「請求人主張額」欄のとおりであり（なお、平成27年から平成29年までの各課税期間については、請求人は、免税事業者に該当する。）、これに反する原処分庁の主張は全て争う。

費税等の税額は、別表4－2の「本件消費税各決定処分の額」の各⑧欄のとおりとなる。	

(4) 争点4（本件調査の手続の違法の有無）について

請求人	原処分庁
調査担当職員は、課税するために、請求人の言動の全てを一方的に解釈し、事実と異なる自分勝手な主張や判断をした上、調査結果の説明のとおり決定処分を行う旨宣言した。このように、本件調査は、高圧的に、最初から結論ありきでされたものであり、事実無根の全く根拠のない申告を強要するものであって、その調査手続には違法がある。	調査担当職員は、事前通知をせずに請求人の自宅を訪問し、請求人に対して税務調査を行う旨通知するとともに、速やかに調査の目的等通則法第74条の9第1項所定の通知事項を通知して、本件調査を開始し、通則法第74条の2《当該職員の所得税等に関する調査に係る質問検査権》第1項に基づいて、請求人に対して質問検査権を行使したものであって、本件調査は適法に行われたものである。

4　当審判所の判断

(1)　争点1（青色申告の承認の取消事由の有無）について

　イ　法令解釈

　　　所得税法第148条第1項は、青色申告の承認を受けた者に対し、財務省令に定めるところにより、帳簿書類を備え付けて、その取引を記録すべきことに加え、税務職員が必要と判断したときに帳簿書類を検査してその内容の真実性を確認することができるような態勢の下に、帳簿書類を保存しなければならないこととしているというべきであり、青色申告者が、税務職員の通則法第74条の2の規定に基づく検査に当たって適時にこれを提示することが可能なように態勢を整えて当該帳簿書類を保存していなかった場合は、所得税法第148条第1項の規定に違反し、同法第150条第1項第1号所定の青色申告の承認の取消事由に該当するものと解するのが相当である。

　ロ　認定事実

原処分関係資料並びに当審判所の調査及び審理の結果によれば、次の事実が認められる。

(イ) 調査担当職員は、平成30年8月28日、通則法第74条の10《事前通知を要しない場合》の規定に基づき、事前通知をせずに、請求人の自宅を訪問して請求人と面談し、税務調査を行う旨通知するとともに、請求人の所得税等及び消費税等の申告内容の調査であること等通則法第74条の9第1項所定の通知事項を通知した上、税務調査の受忍義務について説明を行い、調査協力及び本件各年分の申告の基礎となるべき帳簿書類の提示を要請したが、請求人は、金がないから申告する必要はない、帳簿書類を見せる必要はない、推計課税をしてもらって構わないなどとの申述を繰り返すのみで、調査担当職員の上記要請に応じなかった。

(ロ) 調査担当職員は、平成30年8月31日及び同年10月25日、請求人の自宅を訪問して請求人と面談し、再度、調査協力及び帳簿書類の提示を要請したが、請求人は、上記(イ)と同様の申述を繰り返したほか、目が悪く小さい文字や数字が見えないから記帳はできていない、領収書は整理できておらず、どこにあるかも分からない、今から帳簿を作成するなどと申述し、調査担当職員の上記要請に応じなかった。

(ハ) 調査担当職員は、平成30年11月20日、同年12月14日、同月20日及び平成31年1月17日、請求人の自宅を訪問したが、請求人が不在であったことから、いずれの日においても、帳簿書類の提示を要請する旨及び設定した期日までに調査担当職員への連絡を求める旨等を記載した連絡せんを自宅の玄関口にある郵便受けに投かんしたが、請求人からの連絡はなかった。

(ニ) 調査担当職員は、平成31年2月15日、請求人の自宅を訪問したが、請求人が不在であったことから、同月20日の午後3時にL税務署への来署を求める旨記載した連絡せんを自宅の玄関口にある郵便受けに投かんした。

(ホ) 調査担当職員は、平成31年2月20日、L税務署に来署した請求人に対し、請求人の事業内容、F社との契約関係、Gらから本件損害金及び本件遅延金を受領するに至った経緯等について回答を求めたところ、請求人は、正確に回答するための資料等を持ち合わせていない、当該資料を確認した上でないと回答できない、当日と翌日しか休暇がなく、翌日は予定があり対応できないなどと申

述した。そこで、調査担当職員は、請求人に対し、説明文書を使用して、本件調査の結果説明を行い、同月28日を期限として期限後申告を勧奨したが、結局、請求人は、期限後申告書を提出しなかった。

ハ　検討

上記1の(3)のハのとおり、請求人は、不動産所得について青色申告の承認を受けていたが、上記ロのとおり、調査担当職員の再三再四の要請にもかかわらず、一切帳簿書類を提示しなかったのであるから、税務職員の検査に当たって適時にこれを提示することが可能なように態勢を整えて帳簿書類を保存していなかったものというほかなく、平成25年において、所得税法第150条第1項第1号所定の青色申告の承認の取消事由が認められる。

(2)　争点2（本件各年分の不動産所得の金額）について

イ　法令解釈

(イ)　所得税法第36条第1項は、各種所得の金額の基礎となる収入金額について「その年において収入すべき金額」と規定しているところ、「収入すべき金額」と定め、「収入した金額」としていないことから考えると、同法は、現実の収入がなくても、その収入の原因たる権利が確定的に発生した場合には、その時点で所得の実現があったものとして、上記権利発生の時期の属する年度の課税所得を計算するという建前（いわゆる権利確定主義）を採用しているものと解される（最高裁昭和49年3月8日第二小法廷判決・民集28巻2号186頁参照）。

そして、収入の原因となる権利が確定する時期は、それぞれの権利の特質を考慮し決定されるべきものである（最高裁昭和53年2月24日第二小法廷判決・民集32巻1号43頁参照）。

(ロ)　所得税法第37条第1項の規定に照らせば、不動産所得の必要経費に該当するためには、その費用が、客観的にみて、不動産所得を生ずべき業務との関連性を有するだけでなく、業務の遂行上必要であることを要し、更にその必要性の判断においては、単に当該業務を行うものの主観的判断によるのではなく、社会通念に従って客観的に行われるべきである。

また、所得税法第45条第1項第1号及び所得税法施行令第96条《家事関連費》第1号の規定に照らせば、家事費については、不動産所得の金額の計算上必要経費には該当せず、家事関連費についても、不動産所得の金額の計算上必

要経費に該当するためには、当該費用が業務と何らかの関連があるというだけでは足りず、その主たる部分が不動産所得を生ずべき業務の遂行上必要なものであり、かつ、その必要な部分の金額が客観的に明らかでなければならないというべきである。

ロ　認定事実

　　原処分関係資料並びに当審判所の調査及び審理の結果によれば、次の事実が認められる。

(イ)　請求人とM社（なお、平成23年5月の事業承継により、P社がM社の契約上の地位を承継した。以下、事業承継の前後を問わず、借主を「P社」とのみ表記する。）は、平成22年6月10日、要旨、次のとおりの内容で、請求人がP社に対して本件各土地を賃貸する旨の賃貸借契約（以下「本件P社賃貸借契約」という。）を締結し、P社は、本件P社賃貸借契約に基づき、同年7月1日以降、本件各土地を時間貸し駐車場等の運営のために使用した。

　　A　契約期間　　平成22年7月1日から平成24年6月30日までの2年間

　　B　賃料　　　月額金○○○○円（消費税等を含む。）

　　C　賃料支払期日及び支払方法

　　　　毎月末日限り翌月分を請求人名義の指定口座に振り込む方法により支払う。

(ロ)　請求人は、平成23年5月19日、原処分庁に対し、上記1の(3)のハの個人事業の開業届出書とともに、平成22年6月15日付の請求人とF社間の本件土地1に係る賃貸借契約書（以下「本件契約書」という。）を提出した。

　　本件契約書には、請求人が、F社に対し、要旨、次のとおりの内容で、本件土地1を賃貸する旨が記載されていた。

　　A　契約の存続期間　　平成22年7月1日から平成24年6月30日まで

　　　　ただし、残存期間満了の際は、3か月程度の猶予をもって双方協議の上、この期間を延長することができる。

　　B　賃料　　月額○○○○円

(ハ)　本件P社賃貸借契約は、平成24年7月1日、同契約の条項に基づき、同一内容で更新された。

(ニ)　本件P社賃貸借契約は、請求人による平成26年5月29日付の解約通知書の送付により、同年8月31日をもって終了した。

(ホ) 請求人は、本件Ｐ社賃貸借契約に基づき、平成22年６月30日から平成26年７月31日までの間、Ｐ社から、平成22年７月分から平成26年８月分までの賃料として、毎月○○○○円を、請求人名義の口座への振込みにより受領した。

(ヘ) Ｐ社は、本件Ｐ社賃貸借契約の契約期間内において、本件各土地の既設アスファルト路面の一部舗装工事とフェンスの設置工事を行い、請求人は、Ｐ社からフェンス設置工事代金の請求を受け、450,000円を支払った。

(ト) Ｆ社とＮ社（平成28年４月の商号変更前はＱ社。以下、この商号変更の前後を通じて「Ｎ社」という。）は、平成26年７月10日、要旨、次のとおりの内容で、請求人がＮ社に対して本件各土地を賃貸する旨の賃貸借契約（以下「本件Ｎ社賃貸借契約」という。）を締結し、Ｎ社は、本件Ｎ社賃貸借契約に基づき、同年９月11日以降、本件各土地を時間貸し駐車場等の運営のために使用した。

A　契約期間　　平成26年９月11日から平成29年９月10日までの３年間

B　賃料　　月額金○○○○円（消費税等別）

C　賃料支払期日及び支払方法

毎月末日限り翌月分をＦ社名義の指定口座に振り込む方法により支払う。

(チ) Ｆ社とＮ社は、平成27年９月30日、本件Ｎ社賃貸借契約について、賃料を同年10月１日から月額○○○○円（消費税等別）に変更する旨合意した（以下「本件変更合意１」という。）。

(リ) Ｆ社とＮ社は、平成29年４月12日、本件Ｎ社賃貸借契約について、賃料を同年５月１日から月額○○○○円（消費税等別）に、契約期間を同日から平成31年４月30日までに、それぞれ変更する旨合意した（以下「本件変更合意２」という。）。

(ヌ) Ｆ社は、本件Ｎ社賃貸借契約に基づき、平成26年８月29日から平成29年11月30日までの間、Ｎ社からの賃料（本件変更合意１及び本件変更合意２締結後は各変更後の賃料）を、Ｆ社名義の口座への振込みにより受領した。

(ル) 本件Ｎ社賃貸借契約は、平成29年12月31日、合意解約により終了した。

(ヲ) 本件各土地に係る固定資産税及び都市計画税の合計金額は、平成25年分から平成28年分までは○○○○円、平成29年分は○○○○円であった。

ハ　検討

(イ) 本件損害金について

上記のイの(イ)のとおり、所得税法は権利確定主義を採用しており、収入の原因となる権利が確定する時期はそれぞれの権利の特質を考慮し決定されるべきものである。

そして、本件損害金は、上記1の(3)のニのとおり、Gが請求人に無断で本件各土地を貸し付けたという不法行為に基づく、平成17年12月1日から平成22年4月30日までの間の賃料収入に相当する損害賠償金であるところ、当該権利の性質及び内容、Gらの応訴態度、並びに本件判決に係る訴訟における審理の内容（当審判所の調査及び審理の結果によれば、Gらが本件各土地を賃貸するについて請求人の黙示の承諾又は追認があったかが争点とされ、請求人とGにおける親子間の信頼関係の有無やそれが失われた経緯等が審理されたことが認められる。）等からすると、本件損害金は、Gらに本件損害金の支払を命じる本件判決が確定するまでは、その権利の有無を正確に判断することは困難であり、請求人に本件損害金に関し確定申告及び納税を強いることは相当でなく、課税庁が独自の立場でその認定をすることも相当ではないと考えられる。したがって、本件損害金は、平成○年○月○日の本件判決の確定をもって収入の原因となる権利が確定したと解するのが相当である。

そうすると、本件損害金○○○○円は、本件判決が確定した平成25年分の不動産所得の総収入金額に計上すべき金額となる。

(ロ) 本件遅延金について

本件遅延金は、その元本が弁済されるまで日々発生し、発生と同時に弁済期日が到来するところ、本件遅延金のうち、本件判決確定の日（平成○年○月○日）までの遅延損害金については、本件損害金と同様に、本件判決の確定をもって収入の原因となる権利が確定したというべきであるから、同日をもって収入すべき時期とし、本件判決確定の日の翌日（同月○日）以降の遅延損害金については、日々発生すると同時に確定するというべきであるから、当該遅延損害金の発生の日をもって収入すべき時期とするのが相当である。

そうすると、本件遅延金のうち、本件判決確定の日（平成○年○月○日）までの遅延損害金については、本件判決が確定した平成25年分の不動産所得の総収入金額に計上すべきであり、本件判決確定の日の翌日から各元本（本件損害金）の弁済の効果が発生した日までの当該各元本（一部弁済等があったものに

ついては残元本）に対する遅延損害金については、日々発生する遅延損害金の当該発生した日の属する各年分の不動産所得の総収入金額に計上すべきである。

　以上を前提に、当審判所において、その調査及び審理の結果を踏まえ、本件各年分の不動産所得の総収入金額に計上すべき本件遅延金の金額を算定すると、別表５－１の「不動産所得に係る収入金額」欄の「内訳」欄の「本件遅延金」欄の各年分の各「審判所認定額」欄の金額となる。

(ハ)　本件各土地に係る賃料収入について

　A　本件Ｐ社賃貸借契約に係る賃料収入

　　上記ロの(イ)及び(ハ)から(ホ)までのとおり、請求人は、本件Ｐ社賃貸借契約に基づき、平成22年６月30日から平成26年７月31日までの間、Ｐ社から、本件各土地に係る賃料として毎月○○○○円（消費税等含む。）を受領していたことが認められる。

　　そうすると、平成25年分及び平成26年分の不動産所得の総収入金額として計上すべきＰ社からの賃料収入の金額は、別表５－１の「不動産所得に係る収入金額」欄の「内訳」欄の「Ｐ社」欄の各年分の各「審判所認定額」欄の金額となる。

　B　平成26年９月から平成29年12月までの期間の本件各土地に係る賃料収入

　　原処分庁は、平成26年９月から平成29年12月までの期間の収入について、上記３の(2)の「原処分庁」欄のロの(ロ)のとおり、請求人とＦ社との間には、賃貸期間を平成22年７月１日から平成24年６月30日まで、月額賃料を○○○○円とする賃貸借契約が存在し、Ｆ社は、平成26年９月11日から平成29年12月31日までの期間、Ｎ社に対して本件各土地を転貸し、同社から賃料収入を得ていたことからすると、請求人とＦ社は、上記賃貸借契約を更新していたものと推認することができ、したがって、請求人は、当該期間において、毎月○○○○円の収入を得ていたと主張する。

　　確かに、上記ロの(ロ)及び１の(3)のハのとおり、請求人は、請求人とＦ社との賃貸借契約の存在を示す本件契約書を原処分庁に提出し、これとともに個人事業の開業届出書を原処分庁に提出して以後、事業を廃業したことを示す証拠はないこと、上記ロの(ト)から(ル)のとおり、Ｆ社も、平成26年９月11日から平成29年12月31日までの間、本件Ｎ社賃貸借契約を締結し、現に賃料収入

を得ていること、請求人自身、平成26年分から平成29年分の賃料収入につい
て、別表４－１の「請求人主張額」欄のとおり主張し、賃料として同額を記
載した各年分の確定申告書用紙及び収支内訳書用紙等を証拠として提出する
など、当該各年分において、Ｆ社から本件各土地に係る賃料収入を得ていた
ことを認めていることからすると、少なくとも平成26年９月から平成29年12
月までの間、請求人とＦ社との賃貸借契約が存在していたものと認められる。

　しかしながら、請求人とＦ社との賃貸借契約の内容につき、上記ロの(ﾛ)の
とおり、本件契約書に記載の契約期間は平成22年７月１日から平成24年６月
30日までであり、それ以後の期間において賃貸借契約の内容を示す契約書等
の客観的証拠はない。また、上記ロの(ﾁ)から(ﾇ)のとおり、本件変更合意１及
び同合意２により、平成27年10月１日以降、Ｆ社が本件各土地の賃料として
得る金額は毎月○○○○円を下回ったところ、収支がマイナスとなるにもか
かわらず、Ｆ社の代表取締役である請求人が、あえてＦ社に損失を与えてま
で、本件契約書に記載の賃料を維持していたと考えるのは、経済取引として
相当不自然である。そうすると、平成26年９月から平成29年12月までの期間
の上記の請求人とＦ社との賃貸借契約が、賃料も含めて本件契約書に記載の
条件と同一内容で更新されたものであったと認めることはできない。

　そして、請求人は、請求人とＦ社との賃貸借契約の平成26年分から平成29
年分の賃料収入について、上記のとおり、主張及び証拠の提出をしているこ
とからすると、平成26年９月から平成29年12月までの本件各土地に係る賃料
収入として、少なくとも上記別表４－１の「請求人主張額」欄の賃料収入が
あったと認めるのが相当であり、他方で、これを上回る賃料収入があったこ
とを認めるに足りる証拠はない。

　以上からすると、平成26年分から平成29年分の各年分において不動産所得
の総収入金額に計上すべきＦ社からの賃料収入の金額は、別表５－１の「不
動産所得に係る収入金額」欄の「内訳」欄の「Ｆ社」欄の各「審判所認定
額」欄の金額となる。

(ﾆ)　本件各年分の不動産所得に係る必要経費について

Ａ　減価償却費について

　上記イの(ﾛ)のとおり、不動産所得の必要経費に該当するためには、その費

用が業務の遂行上必要であり、その必要性の判断は客観的に行われなければ
ならないところ、本件各土地に存する減価償却資産は、上記ロの(ヘ)のとおり、
請求人が設置費用を負担したフェンス以外には業務の遂行上必要な減価償却
資産の存在は認められない。

そうすると、本件各年分の不動産所得に係る必要経費に算入される減価償
却費の金額は、本件各土地に設置したフェンスを耐用年数15年、償却期間12
か月として算出した30,150円となる。

B　租税公課について

本件各土地に係る固定資産税及び都市計画税は、本件各年分の不動産所得
に係る必要経費に算入されるべき租税公課であり、その金額は、上記ロの(ヲ)
のとおり、平成25年分から平成28年分までは○○○○円、平成29年分は○○
○○円である。

(ホ)　小括

以上を前提に、本件各年分の不動産所得の金額を計算すると、別表5－1の
「不動産所得の金額」欄の各年分の各「審判所認定額」欄の金額となる。

ニ　請求人の主張

以上に対し、請求人は、本件各土地に関する訴訟は、平成17年に起こった事件
についてのものであり、既に10年以上も経過しているものであるから、請求人が
時効を主張するまでもなく課税することはできない旨、判決に基づく金銭の授受
については非課税となるから本件損害金及び本件遅延金について課税することは
できない旨主張する。

しかしながら、所得税法は、上記イの(イ)のとおり、権利確定主義を採用してお
り、上記ハの(イ)のとおり、本件損害金については、本件判決の確定をもって、収
入の原因となる権利が確定したと解するのが相当であり、平成25年分において課
税されるべきものであるから、時の経過を理由に課税されないとする請求人の主
張は採用することができない。また、判決に基づく金銭の授受が非課税になると
解釈する法令上の根拠はなく、請求人の主張は独自の見解を述べるものにすぎず、
採用することができない。

また、請求人は、車両の減価償却費を必要経費に算入すべきである旨主張する。
しかしながら、上記イの(ロ)のとおり、車両の減価償却費が必要経費に該当する

というためには、当該費用が業務と何らかの関連があるというだけでは足りず、少なくとも、その主たる部分が不動産所得を生ずべき業務の遂行上必要なものであり、かつ、その必要な部分の金額が客観的に明らかでなければならないというべきであるところ、請求人が使用している車両の具体的な使用の方法や頻度等を明らかにする証拠はないから、請求人主張の車両の減価償却費を必要経費に算入することはできない。

(3) 争点3（本件各課税期間に係る消費税等の税額）について

イ 法令解釈

(イ) 消費税法基本通達5-2-5は、損害賠償金について、その実質が資産の譲渡等の対価に該当すると認められるものは資産の譲渡等の対価に該当する旨定めているところ、資産の譲渡等の対価に該当するかどうかは、消費に対して税負担を求める消費税の性格に照らして、その名称のいかんにかかわらず、消費を観念することができるか否かをその実質によって判定すべきものであるから、同通達の定めは当審判所においても相当と認められる。

(ロ) 消費税法第30条第7項によれば、事業者が帳簿及び請求書等を保存していない場合には仕入税額控除が適用されないことになるが、このような法的不利益が特に定められたのは、資産の譲渡等が連鎖的に行われる中で、広く、かつ、公平に資産の譲渡等に課税するという消費税により適正な税収を確保するには、帳簿及び請求書等という確実な資料を保存させることが必要不可欠であると判断されたためであると考えられる。

　以上によれば、事業者が、消費税法施行令第50条《課税仕入れ等の税額の控除に係る帳簿等の保存期間等》第1項に規定するとおり、消費税法第30条第7項に規定する帳簿及び請求書等を整理し、これらを所定の期間及び場所において、通則法第74条の2第1項に基づく税務職員による検査に当たって適時にこれを提示することが可能なように態勢を整えて保存していなかった場合は、消費税法第30条第7項にいう「事業者が当該課税期間の課税仕入れ等の税額の控除に係る帳簿及び請求書等…を保存しない場合」に当たり、事業者が災害その他やむを得ない事情により当該保存をすることができなかったことを証明しない限り（同項ただし書）、同条第1項の規定は、当該保存がない課税仕入れに係る課税仕入れ等の税額については、適用されないものというべきである（最

高裁平成16年12月16日第一小法廷判決・民集58巻 9 号2458頁参照）。

ロ 認定事実

原処分関係資料並びに当審判所の調査及び審理の結果によれば、次の事実が認められる。

(イ) 請求人は、平成12年頃、Ｇが代表取締役を務めるＲ社に対し、Ｒ社が本件各土地を賃貸に供することを承諾した。Ｒ社は、平成12年12月28日、第三者との間で、使用目的を駐車場とする賃貸借契約を締結し、本件各土地及びＧ所有土地を当該第三者に転貸した。

(ロ) Ｇは、上記(イ)のとおり締結したＲ社と第三者との賃貸借契約における賃貸人を、請求人に無断で、Ｒ社からＨ社へ変更した。

(ハ) 本件各土地は、平成22年 4 月30日、Ｈ社と第三者との賃貸借契約の終了により、既設のアスファルト設備を撤去することなく請求人に返還された。

(ニ) 上記(ハ)のアスファルト設備及び上記(2)のロの(ヌ)のフェンスは、本件Ｎ社賃貸借契約の終了時（平成29年12月31日）まで撤去されることはなかった。

ハ 検討

(イ) 本件損害金の課税資産の譲渡等の対価該当性について

損害賠償金が資産の譲渡等の対価に該当するか否かについては、上記イの(イ)のとおり、その実質によって判定すべきものであるところ、確かに、本件損害金は、上記 1 の(3)のニの(ロ)のとおり、ＧがＨ社の代表者として請求人に無断で本件各土地を第三者に貸し付けたという不法行為により、請求人の本件各土地の占有が侵害されたとして、Ｇらから請求人に支払われるべき賃料相当損害金であるから、その実質は、本件各土地を占有したことに対する対価、すなわち、資産の貸付けの対価というべきものである。

しかしながら、他方で、上記ロの(イ)のとおり、請求人は、Ｒ社に対して本件各土地を賃貸に供することを承諾していたにすぎず、請求人が駐車場設備を自ら設置したことを認めるに足りる証拠はないことから、本件損害金が、Ｇらが第三者に駐車場として貸し付けていた対価の額を基礎として計算されていたとしても、本件損害金の実質は、駐車場施設の利用に伴って土地が使用されたことの対価と評価することはできない。

そうすると、本件損害金は、その実質からみて資産の譲渡等の対価に該当す

るとしても、課税資産の譲渡等の対価には該当しないというべきである。

　これに反する原処分庁の主張は採用することができない。

(ロ)　本件各課税期間における本件各土地の貸付けの課税資産の譲渡等該当性について
　い
　て

　　消費税法施行令第8条によると、土地の貸付けであっても、それが駐車場という施設の利用に伴って土地が使用されるものであれば、消費税の課税対象となる。

　　そして、上記(2)のロの(ヘ)、上記ロの(ハ)及び(ニ)のとおり、本件P社賃貸借契約の締結時から、本件各土地にはアスファルト敷が存在し、当該契約の期間中に請求人の負担においてフェンスが設置され、本件N社賃貸借契約が終了するまでこれらの設備は撤去されていなかったことから、本件各課税期間において、本件各土地は、駐車場としての用途に応じる地面の整備、フェンスの設置がされた状態で、P社又はF社に貸し付けられていたものと認められる。

　　そうすると、本件各課税期間における本件各土地の貸付けは、駐車場という施設の利用に伴って土地が使用されるものであり、課税資産の譲渡等に該当する。

(ハ)　仕入税額控除について

　　上記イの(ロ)のとおり、事業者が、税務職員による検査に当たって適時に帳簿等を提示することが可能なように態勢を整えて保存していなかった場合には、仕入税額控除が適用されないところ、上記(1)のロのとおり、請求人は、調査担当職員から帳簿等を提示するよう再三再四要請されたにもかかわらず、帳簿等を見せる必要はない、今から帳簿等を作成するなどと申述して、帳簿等を提示しなかったのであるから、税務職員の検査に当たって適時に帳簿等を提示することが可能なように態勢を整えて帳簿等を保存していなかったものと認められる。また、請求人が帳簿等を保存しなかったことについて、やむを得ない事情は認められない。

　　したがって、仕入税額控除は適用できない。

(ニ)　小括

　　以上を前提に、本件各課税期間に係る消費税等の課税標準額及び税額を計算すると、別表5-2の各課税期間の「審判所認定額」欄の金額となる。

ニ　請求人の主張について

以上に対し、請求人は、本件各課税期間に係る消費税等の税額等は、別表４－２の各「請求人主張額」欄のとおりであり、これに反する原処分庁の主張は全て争う旨主張する。

しかしながら、請求人は、その主張する金額の具体的根拠を明らかにしない上、当該金額に係る証拠も提出せず、当審判所の調査の結果によっても、上記ハの(ニ)の認定を左右するに足りる証拠はない。

したがって、請求人の主張は採用することができない。

(4)　争点４（本件調査の手続の違法の有無）について

イ　法令解釈

通則法は、第７章の２《国税の調査》において、国税の調査の際に必要とされる手続を規定しているが、同章の規定に反する手続が課税処分の取消事由となる旨を定めた規定はなく、また、調査手続に瑕疵があるというだけで納税者が本来支払うべき国税の支払義務を免れることは、租税公平主義の観点からも問題があると考えられるから、調査手続に単なる違法があるだけでは課税処分の取消事由とはなるものではなく、課税処分の基礎となる証拠収集手続に、刑罰法規に触れ、公序良俗に反し又は社会通念上相当の限度を超えて濫用にわたるなど重大な違法があり、何らの調査なしに課税処分を行ったに等しいとの評価を受ける場合に限り、その違法が処分の取消事由となり得るものと解するのが相当である。

ロ　検討

請求人は、調査担当職員は、課税するために、請求人の言動の全てを一方的に解釈し、事実と異なる自分勝手な主張や判断をした上、調査結果の説明のとおり決定処分を行う旨宣言したのであって、このように、本件調査は、高圧的に、最初から結論ありきでされたものであり、全く根拠のない申告を強要するものであって、その調査手続には違法がある旨主張する。

しかしながら、請求人は、調査手続の違法の根拠となる事実を具体的に指摘しないし、本件調査の経過は、上記(1)のロのとおりであって、請求人が主張するような一方的かつ高圧的なものであったとも認められず、調査担当職員が期限後申告を強要した事実も認められない。その他、当審判所の調査によっても、本件調査において、上記イのような証拠収集手続に重大な違法があったとは認められな

いから、請求人の主張は理由がない。

(5) 原処分の適法性について

イ 本件青色取消処分について

上記(1)のハのとおり、平成25年分において、所得税法第150条第1項第1号所定の青色申告の承認の取消事由が認められ、また、本件青色取消処分のその他の部分について、請求人は争わず、当審判所に提出された資料等によってもこれを不相当とする理由は認められない。

したがって、本件青色取消処分は適法である。

ロ 本件所得税各決定処分について

(イ) 平成25年分について

上記(2)のハのとおり、平成25年分の不動産所得の金額は、別表5-1の「不動産所得の金額」欄の各「審判所認定額」欄の金額となり、総所得金額もこれと同額になる。そして、当該総所得金額に基づき平成25年分の所得税等の納付すべき税額を計算すると、○○○○円となり（なお、本件損害金及び本件遅延金のうち本件判決の確定日までの遅延損害金は、その計算の基礎とされた期間が3年以上であることから臨時所得に該当するが、請求人は確定申告書等を提出していないことから、所得税法第90条《変動所得及び臨時所得の平均課税》第1項の規定の適用はない。）、原処分における額（○○○○円）を上回る。

そして、平成25年分の所得税等の決定処分のその他の部分については、請求人は争わず、当審判所に提出された証拠資料等によっても、これを不相当とする理由は認められない。

したがって、平成25年分の所得税等の決定処分は適法である。

(ロ) 平成26年分から平成29年分までについて

上記(2)のハのとおり、平成26年分から平成29年分までの不動産所得の金額は、別表5-1の各「不動産所得の金額」欄の各年分の各「審判所認定額」欄の金額となり、総所得金額もこれと同額になる。そして、当該総所得金額に基づき平成26年分から平成29年分までの所得税等の納付すべき税額を計算すると、それぞれ別紙1から別紙4までの各「4　課税標準等及び税額等の計算」の「差引納付すべき税額又は減少（△印）する税額」欄の「裁決後の額」欄の額となり、いずれの金額も原処分における額を下回る。

そして、平成26年分から平成29年分までの所得税等の各決定処分のその他の部分については、請求人は争わず、当審判所に提出された証拠資料等によっても、これらを不相当とする理由は認められない。

したがって、平成26年分から平成29年分までの所得税等の各決定処分は、いずれもその一部を別紙1から別紙4までのとおり取り消すべきである。

ハ　本件所得税各決定処分に係る無申告加算税の各賦課決定処分について

(イ)　平成25年分について

上記ロの(イ)のとおり、平成25年分の所得税等の決定処分は適法であり、また、通則法第66条《無申告加算税》第1項ただし書に規定する正当な理由があるとは認められないから、同項及び同条第2項に基づきなされた同年分の所得税等の決定処分に係る無申告加算税の賦課決定処分は適法である。

(ロ)　平成26年分から平成29年分までについて

上記ロの(ロ)のとおり、平成26年分から平成29年分までの所得税等の各決定処分の一部がそれぞれ取り消されることに伴い、無申告加算税の基礎となる税額は、別紙1から別紙4までの各「付表」の「加算税の基礎となる税額」欄の「裁決後の額」欄の額となる。そして、通則法第66条第1項ただし書に規定する正当な理由があるとは認められない。

したがって、請求人の平成26年分から平成28年分までの所得税等の各決定処分に係る無申告加算税の額は、別紙1から別紙3までの各「付表」の「加算税の額」欄の「裁決後の額」欄の額となるところ、当該金額はいずれも原処分における無申告加算税の額を下回るから、平成26年分から平成28年分までの所得税等の各決定処分に係る無申告加算税の各賦課決定処分はいずれもその一部を別紙1から別紙3までのとおり取り消すべきである。

また、平成29年分の所得税等の決定処分に係る無申告加算税の額は、通則法第66条第1項の規定により計算すると○○○○円となるところ、同法第119条《国税の確定金額の端数計算等》第4項の規定により、無申告加算税の額が5,000円未満であるときにはその全額を切り捨てることとなり、別紙4の「付表」の「加算税の額」欄の「裁決後の額」欄のとおり○○○○円となるので、平成29年分の所得税等の決定処分に係る無申告加算税の賦課決定処分は、別紙4のとおりその全部を取り消すのが相当である。

なお、平成27年分及び平成28年分の所得税等の各決定処分に係る無申告加算税の賦課決定処分において適用された内国税の適正な課税の確保を図るための国外送金等に係る調書の提出等に関する法律（以下「国送法」という。）第6条の3《財産債務に係る過少申告加算税又は無申告加算税の特例》第2項の規定は、当該各年分の請求人の総所得金額の合計額が2,000万円を超えないことから適用されない。

ニ　本件消費税各決定処分について

上記(3)のハのとおり、本件各課税期間の課税標準額及び税額等は、別表5－2の各課税期間の「審判所認定額」欄の額となり、いずれも原処分における額を下回る。また、平成29年課税期間は、消費税法第9条《小規模事業者に係る納税義務の免除》第1項の規定により免税事業者となる。

そして、平成25年課税期間から平成28年課税期間までの消費税等の各決定処分のその他の部分については、請求人は争わず、当審判所に提出された証拠資料等によっても、これらを不相当とする理由は認められない。

したがって、平成25年課税期間から平成28年課税期間までの消費税等の各決定処分は、いずれもその一部を別紙5から別紙8までのとおり取り消すべきであり、平成29年課税期間の消費税等の決定処分は、違法であるから、その全部を取り消すべきである。

ホ　本件消費税各決定処分に係る無申告加算税の各賦課決定処分について

上記ニに基づき算出した平成25年課税期間から平成28年課税期間までの消費税等の各決定処分に係る無申告加算税の金額は、それぞれ別紙5から別紙8までの各「加算税の額の計算」の「加算税の額」欄の「無申告加算税の額」欄の「裁決後の額」欄の額となり、いずれも原処分における額を下回る。

したがって、平成25年課税期間から平成28年課税期間までの消費税等の各決定処分に係る無申告加算税の各賦課決定処分は、いずれもその一部を別紙5から別紙8までのとおり取り消すべきである。また、平成29年課税期間の消費税等の決定処分に係る無申告加算税の賦課決定処分は、当該決定処分が違法であるから、その全部を取り消すべきである。

(6)　結論

よって、本件審査請求のうち、本件青色取消処分並びに平成25年分の所得税等の

決定処分及び無申告加算税の賦課決定処分に係る審査請求はいずれも理由がないから棄却し、その他の審査請求はいずれも理由があるから、原処分の全部又は一部を取り消すこととする。

別表 1　本件各土地（省略）

別表 2　審査請求に至る経緯（所得税等）（省略）

別表 3　審査請求に至る経緯（消費税等）（省略）

別表 4 - 1　本件各年分の不動産所得の金額等（主張額）（省略）

別表 4 - 2　本件各課税期間の課税標準額等の金額（主張額）（省略）

別表 5 - 1　本件各年分の不動産所得の金額等（原処分額及び審判所認定額）（省略）

別表 5 - 2　本件各課税期間の課税標準額等の金額（原処分額及び審判所認定額）（省略）

別紙 1 から 8　取消額等計算書（省略）

関係法令等

1 　所得税法第36条《収入金額》第1項は、その年分の各種所得の金額の計算上収入金額とすべき金額又は総収入金額に算入すべき金額は、別段の定めがあるものを除き、その年において収入すべき金額とする旨規定している。

2 　所得税法第37条《必要経費》第1項は、その年分の不動産所得の金額の計算上必要経費に算入すべき金額は、別段の定めがあるものを除き、これらの所得の総収入金額に係る売上原価その他当該総収入金額を得るため直接に要した費用の額及びその年における販売費、一般管理費その他不動産所得を生ずべき業務について生じた費用の額とする旨規定している。

3 　所得税法第45条《家事関連費等の必要経費不算入等》第1項第1号は、居住者が支出した家事上の経費及びこれに関連する経費で政令で定めるものの額は、その者の不動産所得の金額の計算上、必要経費に算入しない旨規定している。

4 　所得税法第148条《青色申告者の帳簿書類》第1項は、同法第143条《青色申告》の承認を受けている居住者は、財務省令の定めるところにより、同条に規定する業務につき帳簿書類を備え付けてこれに不動産所得等の金額に係る取引を記録し、かつ、当該帳簿書類を保存しなければならない旨規定している。

5 　所得税法第150条《青色申告の承認の取消し》第1項前段及び同項第1号は、青色申告の承認を受けた居住者につき、その年における同法第143条に規定する業務に係る帳簿書類の備付け、記録又は保存が同法第148条第1項に規定する財務省令で定めるところに従って行われていない事実がある場合には、納税地の所轄税務署長は、その年まで遡って、その承認を取り消すことができる旨規定している。

6 　消費税法（平成27年10月1日前に行う資産の譲渡等及び課税仕入れについては、平成27年法律第9号による改正前のものであり、同日以後に行う資産の譲渡等及び課税仕入れについては、現行法である。以下、各資産の譲渡等及び課税仕入れに対応する法律を指すものとする。）第2条《定義》第1項第8号は、「資産の譲渡等」とは、事業として対価を得て行われる資産の譲渡及び貸付け並びに役務の提供をいう旨、同項第9号は、「課税資産の譲渡等」とは、資産の譲渡等のうち、第6条《非課税》第1

項の規定により消費税を課さないこととされるもの以外のものをいう旨、規定している。

7　消費税法第6条第1項は、国内において行われる資産の譲渡等のうち、同法別表第一に掲げるものには、消費税を課さない旨規定し、同法別表第一第1号は、土地の譲渡及び貸付け（一時的に使用させる場合その他の政令で定める場合を除く。）を掲げている。

8　消費税法施行令第8条《土地の貸付けから除外される場合》は、消費税法別表第一第1号に規定する政令で定める場合は、駐車場その他の施設の利用に伴って土地が使用される場合とする旨規定している。

9　消費税法第30条《仕入れに係る消費税額の控除》第7項は、同条第1項の規定（以下、同項による消費税額の控除を「仕入税額控除」という。）は、事業者が当該課税期間の課税仕入れに係る消費税額等の控除に係る帳簿及び請求書等（同項に規定する課税仕入れに係る支払対価の額の合計額が少額である場合における当該課税仕入れに係る消費税額については、帳簿）を保存しない場合には、当該保存がない課税仕入れの税額については、適用しない、ただし、災害その他やむを得ない事情により、当該保存をすることができなかったことを当該事業者において証明した場合は、この限りでない旨規定している。

10　消費税法基本通達5-2-5《損害賠償金》は、損害賠償金のうち、心身又は資産につき加えられた損害の発生に伴い受けるものは、資産の譲渡等の対価に該当しないが、例えば、不動産等の明渡しの遅滞により加害者から賃貸人である事業者が収受する損害賠償金のように、その実質が資産の譲渡等の対価に該当すると認められるものは資産の譲渡等の対価に該当することに留意する旨定めている。

11　消費税法基本通達6-1-5《土地付建物等の貸付け》の(注)1は、事業者が駐車場として土地を利用させた場合において、その土地につき駐車場としての用途に応じる地面の整備又はフェンス、区画、建物の設置等をしていないとき（駐車に係る車両の管理をしている場合を除く。）は、その土地の使用は、土地の貸付けに含まれる旨定めている。

別紙10　遅延損害金目録（省略）

事例3 （居住用財産の譲渡所得の特別控除　居住用財産の譲渡と認めなかった事例）

　譲渡した土地上に存する２棟の家屋は独立しており、租税特別措置法第35条第１項に規定する特例対象土地は、家屋の建築面積に近似する床面積で按分した居住用家屋の敷地部分に限られるとした事例（平成28年分の所得税及び復興特別所得税の更正処分並びに過少申告加算税の賦課決定処分・一部取消し・令和２年６月19日裁決）

《ポイント》

　本事例は、譲渡した土地上の２棟の家屋が２階部分で接合されていたとしても、それぞれ独立した居住用家屋であり、併せて一構えの一の家屋であるとは認められない。本件特例の対象となる土地に係る譲渡所得の金額は、譲渡した土地の譲渡所得の収入金額に、各家屋の建築面積に近似する床面積の合計に占める本件甲家屋（請求人が所有し居住用に供していた家屋）の建築面積に近似する床面積の割合を乗じて算出することが合理的としたものである。

《要旨》

　請求人は、譲渡した土地上に、請求人が所有し居住用に供していた家屋（本件甲家屋）と子が所有する家屋（本件乙家屋）の２棟が存するが、これらの家屋は併せて一構えの一の家屋と認められるから、いずれの家屋の敷地も租税特別措置法第35条《居住用財産の譲渡所得の特別控除》第１項の規定（本件特例）の適用がある旨主張する。

　しかしながら、各家屋は、それぞれ、玄関、台所、風呂及び便所を備え、電気、ガス、水道及び固定電話回線の各設備を有し、その規模、構造、間取り、設備等の状況からすれば、各家屋はそれぞれ独立した居住用家屋であることから、併せて一構えの一の家屋であるとは認められず、本件乙家屋敷地について本件特例を適用することはできない。

　そして、本件特例の対象となる土地（本件甲家屋の敷地）に係る譲渡所得の金額は、譲渡した土地の譲渡所得の収入金額に、各家屋における各階の登記上の床面積のうち、建築面積に近似する最も広い床面積を、両家屋の各建築面積として用いるのが合理的であり、各家屋の建築面積に近似する床面積の合計に占める本件甲家屋の建築面積に近似する床面積の割合を乗じて算出することが合理的である。

（令和2年6月19日裁決）

《裁決書（抄）》

1 事　実

(1) 事案の概要

　　本件は、審査請求人（以下「請求人」という。）が譲渡した家屋及び土地に係る譲渡所得について、居住用財産の譲渡所得の特別控除の特例を適用して確定申告をしたところ、原処分庁が、請求人の譲渡した土地の一部については、当該特例を適用することができないとして、所得税等の更正処分及び過少申告加算税の賦課決定処分を行ったのに対し、請求人が、これらの処分の全部の取消しを求めた事案である。

(2) 関係法令等

　イ　所得税法第33条《譲渡所得》第1項は、譲渡所得とは、資産の譲渡による所得をいう旨規定し、また、同条第3項は、譲渡所得の金額は、その年中の当該譲渡所得の金額から当該所得の基因となった資産の取得費及びその資産の譲渡に要した費用の額（以下「譲渡費用」という。）の合計額を控除し、その残額の合計額から譲渡所得の特別控除額を控除した金額とする旨規定している。

　ロ　租税特別措置法（平成30年法律第7号による改正前のものをいい、以下「措置法」という。）第35条《居住用財産の譲渡所得の特別控除》第1項は、個人の有する資産が、居住用財産を譲渡した場合に該当することとなった場合には、譲渡所得の金額の計算上、3,000万円（当該資産の譲渡に係る譲渡所得の金額が3,000万円に満たない場合には当該資産の譲渡に係る部分の金額）の特別控除が適用される旨規定し（以下、この規定を「居住用財産特別控除規定」という。）、同条第2項第1号は、居住用財産を譲渡した場合とは、居住の用に供している家屋で政令で定めるものの譲渡又は当該家屋とともにするその敷地の用に供されている土地等の譲渡をいう旨規定している。

　ハ　租税特別措置法施行令（以下「措置法施行令」という。）第23条《居住用財産の譲渡所得の特別控除》第1項が準用する措置法施行令第20条の3《居住用財産を譲渡した場合の長期譲渡所得の課税の特例》第2項は、措置法第35条第2項第1号に規定する「政令で定める家屋」を、個人がその居住の用に供している家屋とし、その者がその居住の用に供している家屋を二以上有する場合には、これら

の家屋のうち、その者が主としてその居住の用に供していると認められる一の家
屋に限るものとする旨規定している。

ニ　「租税特別措置法（山林所得・譲渡所得関係）の取扱いについて」（昭和46年8
月26日付直資4－5ほか国税庁長官通達。以下「措置法通達」という。）35－4
《居住用家屋の所有者と土地の所有者が異なる場合の特別控除の取扱い》は、居
住用家屋の所有者以外の者がその家屋の敷地の用に供されている土地等の全部又
は一部を有している場合において、その家屋（その家屋の所有者が有する当該敷
地の用に供されている土地等を含む。）の措置法第35条第2項各号に規定する譲
渡に係る長期譲渡所得の金額が同条第1項の3,000万円の特別控除額に満たない
ときは、その満たない金額は、次の要件の全てに該当する場合に限り、その家屋
の所有者以外の者が有するその土地等の譲渡に係る長期譲渡所得の金額の範囲内
において、当該長期譲渡所得の金額から控除できる旨定めている。

（イ）　その家屋とともにその敷地の用に供されている土地等の譲渡があったこと。

（ロ）　その家屋の所有者とその土地等の所有者とが親族関係を有し、かつ、生計を
一にしていること。

（ハ）　その土地等の所有者は、その家屋の所有者とともにその家屋を居住の用に供
していること。

(3)　基礎事実

当審判所の調査及び審理の結果によれば、以下の事実が認められる。

イ　請求人等の概要

（イ）　請求人及びその配偶者であるFは、昭和58年4月6日、別表1の順号1の土
地（以下「本件土地」という。）の上に存する、同人が所有する別表1の順号
2の家屋（以下「本件甲家屋」という。）が所在するd市e町○－○を住民票
上の住所として登録した。

その後、請求人は、平成○年○月○日に死亡したFに係る相続により、本件
土地及び本件甲家屋を取得した。

そして、請求人は、平成28年11月25日に住民票上の住所を肩書地に変更する
まで、本件甲家屋を居住の用に供していた。

なお、請求人は、平成24年頃から肩書地に住所を変更するまでの間、介護保
険法上の○○が○○であった。

(ロ) 請求人の子であるG及びその配偶者であるH（以下、Gと併せて「請求人の子ら」という。）は、平成5年1月10日、d市e町○－○を住民票上の住所として登録した。

その後、請求人の子らは、平成9年3月25日、本件土地の上（本件甲家屋の北隣）に、別表1の順号3の家屋（以下「本件乙家屋」という。）を新築して取得した。

そして、請求人の子らは、平成28年11月25日、住民票上の住所をd市からa市b町○－○に変更した。

ロ 本件甲家屋と本件乙家屋の構造

本件甲家屋と本件乙家屋は、別図1のとおり、2階の一部が渡り廊下で接合されているが、その設置時期は不明である。

以下、本件甲家屋と本件乙家屋の接合部分を「本件接合部分」といい、本件土地のうち、本件甲家屋の敷地の用に供しているとする土地を「本件甲家屋敷地」、本件乙家屋の敷地の用に供しているとする土地を「本件乙家屋敷地」という。

ハ 本件土地、本件甲家屋及び本件乙家屋の譲渡

請求人及び請求人の子らは、平成28年2月21日、J（以下「本件買主」という。）との間で、本件土地を代金○○○○円、本件甲家屋及び本件乙家屋を代金○○○○円とする売買契約を締結し、同年11月29日、本件土地並びに本件甲家屋及び本件乙家屋を本件買主に引き渡した。

(4) 審査請求に至る経緯

イ 請求人は、本件土地及び本件甲家屋の譲渡による分離長期譲渡所得の金額の計算上、居住用財産特別控除規定を適用して、平成28年分の所得税及び復興特別所得税（以下「所得税等」という。）の確定申告書を、別表2の「確定申告」欄のとおり記載して法定申告期限までに原処分庁へ提出した。

ロ これに対して原処分庁は、本件乙家屋敷地の譲渡については、分離長期譲渡所得の金額の計算上、居住用財産特別控除規定を適用できないとして、令和元年5月17日付で別表2の「更正処分等」欄のとおりの更正処分（以下「本件更正処分」という。）及び過少申告加算税の賦課決定処分（以下「本件賦課決定処分」という。）をした。

ハ 請求人は、本件更正処分及び本件賦課決定処分を不服として令和元年8月1日

に審査請求をした。

2　争　点

　　本件乙家屋敷地は、居住用財産特別控除規定が適用される請求人の居住用財産に当
たるか否か。

3　争点についての主張

請求人	原処分庁
次の(1)及び(2)のとおり、本件甲家屋及び本件乙家屋は併せて一構えの一の家屋であり、請求人は本件甲家屋及び本件乙家屋を居住の用に供していたから、本件乙家屋敷地は、居住用財産特別控除規定が適用される請求人の居住用財産に当たる。	次の(1)及び(2)のとおり、本件甲家屋及び本件乙家屋は併せて一構えの一の家屋ではなく、また、請求人が居住の用に供していた家屋は、本件甲家屋であるから、本件乙家屋敷地は、居住用財産特別控除規定が適用される請求人の居住用財産に当たらない。
仮に、本件甲家屋及び本件乙家屋が一構えの一の家屋に該当しないとしても、次の(3)のとおり、措置法通達35－4の定めにより、本件乙家屋敷地の譲渡による所得には、居住用財産特別控除規定が適用される。	
(1)　本件甲家屋及び本件乙家屋が併せて一構えの一の家屋であること 　イ　二棟の家屋が併せて一構えの一の家屋であるか否かは、当該家屋の内部構造及び機能上の独立居住可能性の有無のみではなく、家屋の間の距離及び外部的な構造上の接続の有無、当該家屋の使用状況、居住者の生計同一性、同居の必要性、居住用財産特別控除規定の制度趣旨及び租税負担公平の原則の観点の各要素を総合考慮して判断す	(1)　本件甲家屋及び本件乙家屋が併せて一構えの一の家屋ではないこと 　イ　二棟の建物が併せて一構えの一の家屋であるか否かは、それぞれの建物の規模、構造、間取り、設備、各建物間の距離等客観的状況によって判定し、建物を所有する個人及びその家族の使用状況等主観的事情は二義的に参酌すべき要素にすぎない。

る。

ロ　二棟の家屋が、それぞれ独立して居住の用に供し得る機能を有するか否かは、租税負担の公平の観点から、一般的な設備や一般人を基準として判断するのではなく、当該家屋の設備の状況において、現に同設備を使用している者を基準として判断する。

ハ　上記イ及びロを前提として、次の(イ)から(ヘ)までを総合考慮すると、本件甲家屋及び本件乙家屋は併せて一構えの一の家屋である。

(イ)　独立居住可能性

　　　請求人は、本件甲家屋及び本件土地を本件買主に譲渡した時、○○と○○されており、○○本件甲家屋及び本件乙家屋の設備等を使用できる○○を有しておらず、常に請求人の子らの○○の下、本件甲家屋及び本件乙家屋の両方の設備を利用することで生活を維持することができていたから、本件甲家屋又は本件乙家屋を個別に取り上げて独立居住可能性があったということはできない。

(ロ)　家屋の間の距離及び外部的な構造上の接続の有無

ロ　本件甲家屋及び本件乙家屋は、いずれも玄関、台所、風呂及び便所並びに電気、ガス及び水道の設備を有しており、その規模、構造、間取り、設備、家屋間の距離並びに通常考えられる用法及び機能等を考慮すれば、それぞれ独立して居住の用に供し得る機能を有する居住用家屋であることは明らかであるから、本件甲家屋及び本件乙家屋は併せて一構えの一の家屋ではない。

ハ　請求人が主張する事情は主観的事情であり、二義的に参酌すべき事情にすぎない。

本件甲家屋及び本件乙家屋は、隣接し、両建物間の距離も近距離で、本件接合部分で接合されていたから、一体で売却することしかできない家屋である。

(ハ) 本件甲家屋及び本件乙家屋の使用状況

平成22年頃から、請求人によるガスコンロの消し忘れ等が生じるようになり、請求人が食事を作ることに危険が伴うようになったことから、万一の事故に対応するため、本件乙家屋には煙感知器の親機を設置し、本件甲家屋にはその子機を設置していた。

請求人は、請求人の子らと食事をするために本件乙家屋を訪れたりし、Gは、本件乙家屋で請求人のために昼食や夕食を作り、本件甲家屋にいる請求人の元へそれらを届けたりしていた。

請求人は、冬の間、本件乙家屋の風呂で入浴していた。

請求人は、平成22年に本件甲家屋の便所が和式から洋式に改修されるまで、本件乙家屋の便所を利用することがあった。

(ニ) 請求人と請求人の子らの生計同一性

本件乙家屋は、請求人の子らが請
　求人とＦの世話をするために本件甲
　家屋の隣に新築したものであり、請
　求人と請求人の子らは、本件接合部
　分で本件甲家屋及び本件乙家屋を行
　き来し、本件甲家屋及び本件乙家屋
　で生活していた。
　　また、請求人は請求人の子らの〇
　〇の下、生活を維持しており、Ｆの
　死亡後において、請求人の金銭管理
　等は、Ｇが行っていたから、請求人
　と請求人の子らは生計を一にしてい
　る。
㈭　請求人と請求人の子らの同居の必
　要性
　　請求人は、上記㈑のとおり、請求
　人の子らと同居する必要があった。
㈬　居住用財産特別控除規定の制度趣
　旨及び租税負担公平の原則
　　居住用財産特別控除規定は、居住
　用財産の譲渡の場合には、一般の資
　産の譲渡に比して担税力が弱いこと
　を考慮し、かつ住宅政策上の見地か
　ら特別控除を定めたものである。本
　件甲家屋及び本件乙家屋と本件土地
　は一体性の強い財産であり、下記(2)
　のとおり本件甲家屋及び本件乙家屋
　に居住している請求人と請求人の子
　らが、生計を一にしていることから

すれば、本件乙家屋敷地に居住用財産特別控除規定の適用を認めないことは、居住用財産特別控除規定の趣旨に背くものである。

また、請求人が○○にあるという客観的事実は、当然に考慮すべき事実であり、これを判断要素から排除すること自体が租税負担の不公平を拡大するものである。

(2) 請求人が居住の用に供していた家屋は本件甲家屋及び本件乙家屋であること

イ 本件甲家屋及び本件乙家屋は、本件接合部分で接合されており、上記(1)のハの(ハ)のとおり、請求人は、食事、用便、入浴のために本件乙家屋を利用することもあった。

上記(1)のハの(イ)のとおり、請求人は、○○と○○されており、本件甲家屋及び本件乙家屋の両方の設備を利用することで生活を維持することができていたから、請求人の生活状況並びに本件甲家屋及び本件乙家屋の利用状況を総合的に考慮すると、本件甲家屋及び本件乙家屋を居住の用に供していたといえる。

ロ 原処分庁は、原処分庁に所属する職

(2) 請求人が居住の用に供していた家屋は本件甲家屋のみであること

イ 措置法第35条第2項に規定する「居住の用に供している家屋」とは、所有者が、生活関係の拠点として使用している実態にある家屋をいい、当該家屋に当該個人の生活関係の拠点があるといえるか否かは、当該個人の生活状況を総合的に勘案して判断する。

本件甲家屋は、請求人が相続により取得した家屋であり、本件甲家屋の電気、ガス及び水道の平成26年1月から平成28年12月までの契約者又は使用者は、請求人であった。

請求人が本件甲家屋及び本件乙家屋を本件接合部分で行き来していたとしても、請求人が本件乙家屋を生活関係の拠点として利用していたとはいえない。

ロ 本件甲家屋には表札とポストが存在

員が作成した調査報告書に記載された近隣住民の申述や本件買主の申述を根拠として請求人が本件乙家屋を居住の用に供していなかった旨主張する。

しかしながら、近隣住民の申述内容は、事実と異なるものであって、調査報告書は作成者の作文であり、本件買主の申述内容についても本件甲家屋及び本件乙家屋の内覧という短時間の確認に基づくものにすぎないのであって、それらの申述内容は信用できない。

(3) 本件乙家屋敷地の譲渡による所得には、措置法通達35-4の定めにより、居住用財産特別控除規定が適用されること

措置法通達35-4は、家屋の所有者とその土地の所有者とが親族関係を有し、かつ、生計を一にしている場合には、家屋と土地の所有者が異なる場合であっても居住用財産特別控除規定を適用できるところ、本件乙家屋と本件乙家屋敷地の所有者は異なっているが、請求人と請求人の子らは親族関係にあり、かつ、上記(1)のハの(二)のとおり、生計を一にしていたのであるから、本件乙家屋敷地の譲渡による所得には、居住用財産特別控除規定が適用される。

し、本件甲家屋及び本件乙家屋の近隣住民は、請求人に回覧板を回付する際、本件甲家屋の玄関から請求人を呼び、請求人が出てこない場合は本件甲家屋の勝手口に回って回付していた。

本件買主が本件甲家屋を現地確認した際、本件甲家屋内で、請求人はテレビを見ており、本件甲家屋内には、家具、家電がそろえられていた。

4 当審判所の判断

(1) 争点について

イ　法令解釈

　　居住用財産特別控除規定は、個人が居住用財産を譲渡した場合には、これに代わる新たな居住用財産を取得しなければならないのが通常で、一般の資産の譲渡に比し特殊な事情にあり、その担税力が弱いことを考慮し、住宅政策上の見地から、居住用財産の譲渡所得につき、3,000万円を限度とする特別控除を認め、新たな居住用財産を購入できるように保障する趣旨で立法された特則、例外規定である。

　　また、居住用財産特別控除規定は、措置法施行令第23条第1項により、その適用対象となる家屋について、個人がその居住の用に供している家屋を二以上有する場合には、これらの家屋のうち、その者が主としてその居住の用に供していると認められる一の家屋に限る旨規定している。

　　これは、租税負担公平の原則から居住用財産特別控除規定の適用を政令で定めるものの譲渡に限定し、居住用財産特別控除規定の濫用による不公平の拡大を防止しようとするもので、特則、例外規定である同条項の解釈に当たっては、狭義性、厳格性が要請されているものと解される。

　　よって、二以上の家屋が併せて一構えの一の家屋であると認められるか否かについては、まず、それぞれの家屋の規模、構造、間取り、設備、各家屋間の距離等客観的状況によって判断すべきであり、個人及びその家族の使用状況等主観的事情は二義的に参酌すべき要素にすぎないものと解するのが相当であるから、単にこれらの家屋がその者及びその者と同居することが通常である親族等によって機能的に一体として居住の用に供されているのみでは不十分といえ、家屋の規模、構造、設備等の状況から判断して、いずれか又はそれぞれが独立の居住用家屋としては機能できないものでなければならない。

　　したがって、二以上の家屋がそれぞれ独立の居住用家屋としての機能を有する場合には、これらの家屋を併せて一構えの一の家屋であるとは認められず、その者が主としてその居住の用に供していると認められる一の家屋に限り、居住用財産特別控除規定の適用対象となるというべきである。

ロ　認定事実

　　請求人提出資料、原処分関係資料並びに当審判所の調査及び審理の結果によれば、以下の事実が認められる。

(イ)　本件甲家屋及び本件乙家屋の構造等

A　本件甲家屋の構造、面積等は、別表1の順号2のとおり、木造スレート鋼板葺2階建、延べ床面積77.76平方メートルの居宅で、本件甲家屋を譲渡した際の間取りは別図2のとおりであり、玄関、台所、風呂及び便所を備えていた。

また、本件甲家屋には、電気、ガス、水道及び固定電話回線の各設備があり、洗濯機、冷蔵庫、テレビ、照明器具等の家電製品が設置されていた。

B　本件乙家屋の構造、面積等は、別表1の順号3のとおり、木造合金メッキ鋼板葺2階建、延べ床面積108.11平方メートルの居宅で、本件乙家屋を譲渡した際の間取りは別図3のとおりであり、玄関、台所、風呂及び便所を備えていた。

また、本件乙家屋には、電気、ガス、水道及び固定電話回線の各設備があり、洗濯機、冷蔵庫、テレビ、照明器具等の家電製品が設置されていた

(ロ)　本件甲家屋及び本件乙家屋の配置状況等

本件土地上に本件甲家屋敷地及び本件乙家屋敷地を特定できる塀や障壁は存在しなかった。

また、本件接合部分には、ひさし及び柵が設置されていたが、屋根や壁は設けられていなかった。

ハ　検討

(イ)　請求人は、上記3の「請求人」欄の(1)のとおり、本件甲家屋と本件乙家屋は併せて一構えの一の家屋である旨主張するので、この点に関し、以下検討する。

本件甲家屋と本件乙家屋の規模及び構造は、上記ロの(イ)のとおりであり、また、本件甲家屋と本件乙家屋を本件買主に譲渡した時点の間取り及び設備の状況は、上記ロの(イ)並びに別図2及び別図3のとおりであるから、本件甲家屋と本件乙家屋は、それぞれ独立の家屋としての機能を有していたといえる。

したがって、本件甲家屋と本件乙家屋は併せて一構えの一の家屋であるとは認められない。

(ロ)　次に、請求人は、上記3の「請求人」欄の(2)のとおり、請求人が本件乙家屋を居住の用に供しており、本件乙家屋敷地にも居住用財産特別控除規定が適用される旨主張するが、請求人の居住の用に供していた家屋が本件甲家屋である

ことは、上記１の(3)のイの(イ)のとおりであり、また、上記(イ)のとおり、本件甲家屋と本件乙家屋が併せて一構えの一の家屋であるとは認められないのであるから、居住用財産特別控除規定の適用上、請求人の居住の用に供されていた家屋が、本件甲家屋のみとなることは明らかである。（なお、上記１の(3)のイの(ロ)のとおり、本件乙家屋は請求人が所有する家屋ではないから、居住用財産特別控除規定の適用上、上記イにある「個人がその居住の用に供している家屋を二以上有する場合」に当たらないため、請求人が主として居住の用に供していた家屋が本件甲家屋と本件乙家屋のどちらであるかを検討するまでもなく、本件乙家屋は請求人が居住の用に供している家屋ではない。）

(ハ) 以上のことからすると、本件甲家屋と本件乙家屋は併せて一構えの一の家屋とはいえず、それぞれ独立した居住用家屋であり、また、請求人の居住の用に供していた家屋は本件甲家屋であるから、本件乙家屋敷地は、居住用財産特別控除規定が適用される請求人の居住用財産に当たらない。

ニ 請求人の主張について

(イ) 請求人は、上記３の「請求人」欄の(1)のイのとおり、二棟の家屋が一構えの一の家屋に該当するか否かの判断に当たっては、家屋の客観的状況のみならず、家屋の使用状況等、居住用財産特別控除規定の制度趣旨、租税負担公平の原則の観点の各要素を総合考慮して判断すべきである旨主張する。

　しかしながら、請求人が主張する家屋の使用状況等は、主観的事情であり、二義的に参酌される事情にすぎず、また、居住用財産特別控除規定の制度趣旨及びその適用に当たって狭義性、厳格性が要請されていることは、上記イのとおりである。

　そして、租税負担の公平は、租税法の適正な解釈に従って統一的に租税関係法令を適用することによって実現されるべきものであり、居住用財産特別控除規定に関する上記イの解釈を左右するに足りない。

　したがって、これらの点に関する請求人の主張は採用できない。

(ロ) 請求人は、上記３の「請求人」欄の(1)のロのとおり、独立の家屋としての機能を有するか否かの判断に当たっては、当該家屋に設置されている設備の状況において現に同設備を使用している者を基準として判断すべきである旨主張する。

しかしながら、上記イのとおり、居住用財産特別控除規定の解釈に当たって狭義性、厳格性が要請されていることからすれば、独立の居住用家屋としての機能を有するか否かの判断は、客観的な状況を判断基準として行われるものであり、個々に相違する個人の事情は二義的に参酌されるべき事情にすぎない。

　したがって、この点に関する請求人の主張は採用できない。

(ハ)　請求人は、上記3の「請求人」欄の(1)のハのとおり、○○を受けた請求人が、請求人の子らの○○の下で本件乙家屋の設備を使用し、請求人や請求人の子らが、本件接合部分を利用して、日常的に本件甲家屋と本件乙家屋を行き来していたことから、本件甲家屋と本件乙家屋を併せて一構えの一の家屋であり、請求人は本件乙家屋に居住していた旨主張する。

　しかしながら、仮に上記3の「請求人」欄の(1)のハのとおり、請求人が本件乙家屋を利用していたとしても、上記イのとおり、親族等によって機能的に一体として居住の用に供されていることのみでは、二以上の家屋が併せて一構えの一の家屋であると認めるのに不十分であるし、また、本件甲家屋と本件乙家屋が本件接合部分により接合されていたことによって、本件甲家屋と本件乙家屋が独立の居住用家屋として機能できなくなるものではないから、本件接合部分の存在によって、本件甲家屋及び本件乙家屋を併せて一構えの一の家屋であるとはいえない。

　また、請求人が本件乙家屋を居住の用に供していないことは、上記ハの(ロ)のとおりである。

　したがって、これらの点に関する請求人の主張は採用できない。

(ニ)　請求人は、上記3の「請求人」欄の(3)のとおり、本件乙家屋敷地の譲渡による所得には、措置法通達35-4の定めにより、居住用財産特別控除規定が適用される旨主張する。

　そもそも、居住用財産特別控除規定の適用対象となる居住用財産の譲渡とは、上記1の(2)のロの措置法第35条第2項の規定によれば、居住用家屋の譲渡又は居住用家屋とともにするその敷地の用に供されている土地の譲渡であり、居住用家屋とは、上記1の(2)のハの措置法施行令第20条の3第2項の規定により、個人がその居住の用に供している家屋とし、その者が居住の用に供している家屋を二以上有する場合には、これらの家屋のうち、その者が主としてその居住

の用に供していると認められる一の家屋に限る旨規定している。

　　本件において、請求人は、請求人が所有し、居住の用に供している本件甲家屋及びその敷地である本件甲家屋敷地について、すでに居住用財産特別控除規定の適用を受けているのであるから、上記ハの(イ)のとおり、本件甲家屋と併せて一構えの一の家屋ではない本件乙家屋の敷地（本件乙家屋敷地）について措置法通達35−4の定めを適用する余地はない。

　　したがって、この点に関する請求人の主張は採用できない。

(2) 本件更正処分の適法性について

イ　原処分庁は、本件更正処分において、本件甲家屋と本件乙家屋の合計延床面積に占める本件甲家屋の延床面積の割合により、本件甲家屋敷地に係る譲渡収入金額を算出している。

　　当該算出方法の根拠に関する当審判所の求釈明に対し、原処分庁は、本件のように家屋及び当該家屋の敷地の用に供されている土地等のうち、居住の用に供されている部分がある場合には、当該家屋が店舗兼住宅でない場合であっても、措置法通達35−6《居住用財産を譲渡した場合の長期譲渡所得の課税の特例に関する取扱いの準用》において準用する同通達31の3−7《店舗兼住宅等の居住部分の判定》の適用対象が店舗兼住宅等と定められていることから同通達が適用される旨回答する。

ロ　措置法通達31の3−7は、居住の用以外の用に供されている部分のある家屋に係る措置法施行令第20条の3第2項に規定するその居住の用に供している部分及び当該家屋の敷地の用に供されている土地等のうちその居住の用に供している部分の床面積及び土地等の面積の判定方法について定めている。

ハ　原処分庁は、本件に措置法通達31の3−7が適用されるとするが、同通達は、上記ロのとおり、居住の用に供している家屋のうちに居住の用以外の用に供されている部分がある場合について定めるものであって、本件のように、同一の土地上に居住用財産特別控除規定の適用対象となる家屋とならない家屋が混在しているような場合についてまで定めるものではなく、店舗兼住宅等の「等」に本件のような場合が含まれるものではないことは、その文理上明らかである。

　　また、原処分庁の計算方法によれば、建築面積が同じ家屋であっても階数が異なる等の理由によって家屋の延床面積に大きな差異が生じ、結局、居住用財産特

別控除規定が適用される土地の範囲に大きな違いが生じるなど、不合理な結果となりえるから、原処分庁の計算方法を採用することはできない。

ニ　そこで、措置法通達35－6において準用する同通達31の3－12《居住用家屋の敷地の判定》は、譲渡した土地等が措置法第31条の3第2項（準用において同法第35条第2項）に規定する居住の用に供している家屋の「敷地」に該当するかどうかは、社会通念に従い、当該土地等が当該家屋と一体として利用されている土地等であったかどうかにより判定する旨定めているところ、この取扱いは、上記(1)のイの居住用財産特別控除規定の趣旨に合致するものであり、当審判所においても相当であると認められる。

　　そして、土地上に居住用財産特別控除規定の適用の対象となる家屋とそれ以外の家屋が存在し、両者の間に塀や障壁等が存在しないため、当該家屋と一体として利用されている土地の範囲が不明確な場合には、経験則上、その範囲は、特段の事情が存しない限り、各家屋の建築面積の割合により居住用財産特別控除規定が適用される土地の面積を算定するのが相当である。

ホ　本件では本件甲家屋と本件乙家屋の間に塀や障壁等が存在せず、本件土地の中で、本件甲家屋と一体として利用されている土地の範囲が不明確であるから、上記ニのとおり、居住用財産特別控除規定が適用される本件甲家屋敷地の面積は、本件甲家屋と本件乙家屋との建築面積の割合に従って、これを算定するのが相当である。

ヘ　また、当審判所の調査によっても、本件甲家屋及び本件乙家屋の各建築面積は不明であるが、別表1のとおり、本件甲家屋及び本件乙家屋の各階の登記上の床面積が明らかとなっており、本件甲家屋及び本件乙家屋の各階の登記上の床面積のうち、最も広い面積が建築面積に近似するものと考えられるため、本件甲家屋及び本件乙家屋の各階の登記上の床面積のうち、最も広い面積を本件甲家屋及び本件乙家屋の各建築面積の代わりに用いるのが合理的である。

　　この点、別表1のとおり、本件甲家屋の登記上の床面積のうち、最も広い床面積は51.84平方メートルであり、本件乙家屋の登記上の床面積のうち、最も広い床面積は62.74平方メートルとなる。

ト　そうすると、本件土地に占める本件甲家屋敷地の割合は、本件甲家屋と本件乙家屋でそれぞれ最も広い床面積の合計（114.58平方メートル）に占める本件甲家

屋の最も広い床面積の割合（51.84平方メートル÷114.58平方メートル）となる。

チ　上記トの割合を用いて、請求人の本件土地に係る譲渡収入金額を本件甲家屋敷
地に係るものと本件乙家屋敷地に係るものにあん分計算すると、別表3の「審判
所認定額」欄のとおりとなる。

なお、原処分庁は、譲渡費用のうち仲介手数料700,000円及び収入印紙10,000円
を本件甲家屋、本件乙家屋及び本件土地の譲渡収入金額の合計額○○○○円に占
める本件甲家屋、本件甲家屋敷地、本件乙家屋又は本件乙家屋敷地の譲渡収入金
額の割合であん分し、登記費用35,210円を本件土地の譲渡収入金額○○○○円に
占める本件甲家屋敷地又は本件乙家屋敷地の譲渡収入金額の割合であん分してい
るが、これらの計算方法は別表4のとおりであり、当審判所においても相当であ
ると認められる。

リ　以上により、請求人の分離長期譲渡所得の金額を計算すると、別表5の「審判
所認定額」欄の「分離長期譲渡所得の金額」欄のとおり○○○○円、これにより
納付すべき税額を計算すると○○○○円となり、いずれも本件更正処分の金額を
下回るから、本件更正処分は、別紙「取消額等計算書」のとおり、その一部を取
り消すべきである。

なお、本件更正処分のその他の部分については、請求人は争わず、当審判所に
提出された証拠資料等によっても、これを不相当とする理由は認められない。

(3)　本件賦課決定処分の適法性について

本件更正処分は、上記(2)のとおり、その一部を取り消すべきであるところ、本件
賦課決定処分の基礎となる税額は、別紙「取消額等計算書」の付表の「加算税の基
礎となる税額」欄の「裁決後の額」欄のとおり○○○○円となる。

また、これらの税額の計算の基礎となった事実が本件更正処分前の税額の計算の
基礎とされていなかったことについては、国税通則法第65条《過少申告加算税》第
4項第1号に規定する正当な理由があるとは認められない。

したがって、請求人の過少申告加算税の額を国税通則法第65条第1項及び第2項
の規定により計算すると、別紙「取消額等計算書」の付表の「加算税の額」欄の
「裁決後の額」欄のとおり○○○○円となり、これは本件賦課決定処分の金額を下
回るから、本件賦課決定処分は、別紙「取消額等計算書」のとおり、その一部を取
り消すべきである。

(4) 結論

　よって、審査請求には理由があるから、原処分の一部を取り消すこととする。

別表1　不動産の明細（省略）

別表2　審査請求に至る経緯（省略）

別表3　本件甲家屋敷地及び本件乙家屋敷地の譲渡収入金額（省略）

別表4　譲渡費用の額（審判所認定額）（省略）

別表5　分離長期譲渡所得の金額（省略）

別紙　取消額等計算書（省略）

別図1　本件甲家屋及び本件乙家屋の配置状況（省略）

別図2　本件甲家屋の間取り（省略）

別図3　本件乙家屋の間取り（省略）

三　相続税法関係

〈令和2年4月〜6月分〉

事例4 （財産の評価　宅地及び宅地の上に存する権利　各影響要因に基づく加減）

　相続税の課税財産である土地が、騒音により利用価値が著しく低下している土地に該当するとして、評価上減額すべきとした事例（平成27年2月相続開始に係る相続税の更正の請求に対して平成31年3月6日付でされた更正処分（令和元年8月7日付でされた更正処分によりその一部が取り消された後のもの）、全部取消し・令和2年6月2日裁決）

《ポイント》

　本事例は、騒音により利用価値が著しく低下している土地に該当するか否かの判断に当たり、評価上適用すべき路線価に騒音要因がしんしゃくされておらず、合理的と認められる方法に基づく騒音測定結果で相当程度の騒音が日常的に発生していることが明らかにされ、固定資産税の評価上も騒音による減価が行われていたことをもって、騒音により利用価値が著しく低下している土地に該当すると判断したものである。

《要旨》

　原処分庁は、相続財産である土地（本件土地）について、請求人が行った列車走行による騒音測定では、騒音による取引金額への影響を確認できないから、国税庁ホームページのタックスアンサー「No.4617利用価値が著しく低下している宅地の評価」において示された10%減額して評価する取扱い（本件取扱い）を適用することはできない旨主張する。

　しかしながら、①本件土地の評価上適用すべき路線価には騒音要因がしんしゃくされていないこと、②本件土地において列車通過時に実際に騒音が生じていること、③本件土地の所在する自治体は、本件土地の固定資産税評価額の算定上、鉄道騒音補正を適用したことが認められるから、本件土地は、騒音により取引金額に影響を受ける宅地に該当すると認められる。したがって、これらを併せて判断すると、本件土地においては相当程度の騒音が日常的に発生し、騒音により取引金額に影響を受けていたと認めるのが相当であるから、本件土地は、騒音により利用価値が著しく低下している土地に該当するとして、本件取扱いを適用して評価すべきである。

《参照条文等》

　相続税法第22条

　財産評価基本通達 1(3)、11、13、14

《参考判決・裁決》

　東京高裁平成27年12月17日判決（判時2282号22頁）

（令和2年6月2日裁決）

《裁決書（抄）》

1　事　実

(1)　事案の概要

　　本件は、審査請求人（以下「請求人」という。）が、相続により取得した土地について、①広大地に該当すること、及び②鉄道騒音により利用価値が著しく低下している宅地に該当することなどを理由に、当該相続に係る相続税の更正の請求をしたところ、原処分庁が、①については認める一方、②については利用価値が著しく低下している宅地に該当しないなどとして更正の請求の一部を認めない減額更正処分をしたことに対し、請求人が、原処分（令和元年8月7日付でされた更正処分により上記減額更正処分の一部が取り消された後のもの）の全部の取消しを求めた事案である。

(2)　関係法令等

　イ　相続税法第22条《評価の原則》は、相続により取得した財産の価額は、特別の定めがあるものを除き、当該財産の取得の時における時価による旨規定している。

　ロ　財産評価基本通達（昭和39年4月25日付直資56ほか1課共同国税庁長官通達。ただし、平成29年9月20日付課評2－46ほか2課共同国税庁長官通達による改正前のもの。以下「評価通達」という。）1《評価の原則》の(3)は、財産の評価に当たっては、その財産の価額に影響を及ぼすべきすべての事情を考慮する旨定めている。

　ハ　評価通達13《路線価方式》は、路線価方式とは、その宅地の面する路線に付された路線価を基とし、評価通達15《奥行価格補正》から20－5《容積率の異なる2以上の地域にわたる宅地の評価》までの定めにより計算した金額によって評価する方式をいう旨定めている。

(3)　基礎事実

　　当審判所の調査及び審理の結果によれば、次の事実が認められる。

　イ　相続の開始について

　　K（以下「本件被相続人」という。）は、平成27年2月○日（以下「本件相続開始日」という。）に死亡し、同人に係る相続（以下「本件相続」という。）が開始した。

本件相続に係る共同相続人は、本件被相続人の妻であるL、長男である請求人及び長女であるMの3名である。

ロ　相続財産である土地について

　(イ)　本件被相続人は、本件相続開始日において、 a市に所在する別表1の順号1から同3までの各土地（以下、順号1の土地を「本件土地」という。）を所有しており、請求人、 L及びMは、本件相続により、これらの土地の共有持分をそれぞれ3分の1ずつ取得した。

　(ロ)　本件土地は、別紙のとおり、その北西側に敷設された d 鉄道 e 線の線路敷から約10mから30mまでの範囲内に位置しており、本件土地の南東側には別表1の順号2の土地が隣接し、更にその南東側には同表の順号3の土地が隣接しており、順号3の土地は、その南東側で市道 f 線に面している。

　　別紙のとおり、市道 f 線の上記順号3の土地が面する区間に設定された平成27年分の路線価は93,000円（以下「本件路線価」という。）であり、本件土地は、評価通達13に定める路線価方式により評価する地域に存していることから、評価通達によって評価するのが相当である場合は、本件路線価に基づいて評価すべき土地である。

　　なお、市道 f 線は、本件路線価が設定されている区間において、 d 鉄道 e 線からおよそ90m以上離れていることから、本件路線価の決定に当たり、鉄道騒音の要因はしんしゃくされていない。

　　また、本件土地は、都市計画法第8条《地域地区》第1項第1号に規定する用途地域として第二種住居地域に指定された地域に存し、本件路線価に係る評価通達14－2《地区》に定める地区は、普通商業・併用住宅地区である。

ハ　本件土地の利用状況について

　　本件被相続人は、平成26年3月18日、 N社との間で、契約期間を同年5月1日から平成36年10月31日までとする本件土地の賃貸借契約を締結し、同社は、本件相続開始日において、本件土地上に多数のコンテナを設置して貸コンテナ業を営んでいた。

(4)　審査請求に至る経緯

イ　請求人は、法定申告期限内である平成27年12月3日、別表2の「申告」欄のとおり記載した本件相続に係る相続税（以下「本件相続税」という。）の申告書を

原処分庁に提出した。

ロ 請求人は、平成30年12月7日、①別表1の順号2及び同3の各土地について、評価通達24－4《広大地の評価》に定める広大地に該当すること、及び②本件土地について、騒音測定をしたところ、d鉄道e線の列車走行により約80デシベル以上の騒音が生じていることから、国税庁ホームページのタックスアンサー「No.4617 利用価値が著しく低下している宅地の評価」に記載された利用価値が著しく低下している宅地に該当することなどを理由に、別表2の「更正の請求」欄のとおり、本件相続税の更正の請求（以下「本件更正の請求」という。）をした。

なお、国税庁ホームページのタックスアンサー「No.4617 利用価値が著しく低下している宅地の評価」の内容は、要旨、次のとおりである（以下、当該タックスアンサーに示された10％減額して評価する取扱いを「本件取扱い」という。）。

次の(イ)から(ニ)までのように、その利用価値が付近にある他の宅地の利用状況からみて、著しく低下していると認められるものの価額は、その宅地について利用価値が低下していないものとして評価した場合の価額から、利用価値が低下していると認められる部分の面積に対応する価額に10％を乗じて計算した金額を控除した価額によって評価することができる。ただし、路線価、固定資産税評価額又は倍率が、利用価値の著しく低下している状況を考慮して付されている場合にはしんしゃくしない。

(イ) 道路より高い位置にある宅地又は低い位置にある宅地で、その付近にある宅地に比べて著しく高低差のあるもの

(ロ) 地盤に甚だしい凹凸のある宅地

(ハ) 震動の甚だしい宅地

(ニ) 上記(イ)から(ハ)までに掲げる宅地以外の宅地で、騒音、日照阻害、臭気、忌み等により、その取引金額に影響を受けると認められるもの

ハ 原処分庁は、本件更正の請求に対し、上記ロの①の更正の請求の理由については請求どおり認める一方、②の理由については認められないなどとして、平成31年3月6日付で、別表2の「更正処分」欄のとおり、本件相続税の減額更正処分を行った。

ニ 請求人は、令和元年6月6日、上記ハの処分に不服があるとして、審査請求を

した。

　ホ　原処分庁は、上記ハの処分における本件土地の評価について、賃借権の価額の算定に誤りがあったとして、令和元年8月7日付で、別表2の「再更正処分」欄のとおり、同処分を一部取り消す減額更正処分を行った（以下、当該減額更正処分後の上記ハの処分（原処分）を「本件更正処分」という。）。

2　争　点

　本件土地は、利用価値が著しく低下している宅地として減額して評価すべきか。

3　争点についての主張

請求人	原処分庁
以下のとおり、本件土地は、d鉄道e線の列車走行に伴う騒音により、その利用価値が著しく低下している宅地として、本件取扱いにより10％の減額をして評価すべきである。	以下のとおり、本件土地は、その利用価値が著しく低下している宅地とは認められないから、本件取扱いにより減額して評価することはできない。
(1)　請求人が、本件土地において、平成30年9月21日午前10時から約1時間、騒音測定をしたところ（以下「本件測定」という。）、d鉄道e線に最も近い地点で最大85デシベル、最も離れた地点で最大79.5デシベルの騒音が計測されており、これは、g県の一般地域（道路に面する地域以外の地域）のうち第二種住居地域における騒音に係る環境基準の昼間（6時から22時）の基準値である55デシベルをいずれも上回るものである上、d鉄道e線の列車の走行数からすると、騒音の発生頻度も高い。 　なお、請求人による騒音の測定時間は1時間程度であるものの、当該時間以外	(1)　本件測定は、測定時間が1時間程度で、測定方法も明らかでないことから、その測定結果を基に本件土地において著しい鉄道騒音があるか否かを判断することはできない。 　また、請求人が引用する環境基準は、鉄道騒音には適用されない基準である。

にも列車は通過しているし、請求人は、測定方法及び発生頻度も明らかにしている。

また、上記環境基準が鉄道騒音を対象にしていないとしても、鉄道騒音が人体に悪影響を及ぼすことは常識である。

(2) 本件土地の存する地域は、周辺に戸建住宅が多く見られる地域であることから、騒音が土地の価格にマイナスの影響を及ぼすのは明らかであり、地元の不動産業者からのヒアリング結果でも、鉄道沿いでない土地と比べて10〜15%価値が下がるという報告がある。また、本件土地の周辺の鉄道沿いの土地では、実際に、利用用途の制限や建物のレイアウトの自由度の低下、防音対策費用の発生など、様々な土地の利用価値の低下が生じている。

(2) 本件土地の取引金額が、付近の宅地の取引金額に比べ、鉄道騒音による影響を受けていることについて、請求人から具体的な主張はなく、そのような事実は確認することができない。

(3) a市では、宅地の固定資産税評価額の決定に当たり、鉄道騒音に対する減価補正（鉄道騒音補正）が定められているところ、本件土地の平成27年度の固定資産税評価額は、鉄道騒音補正として鉄軌道中心線からの最短距離が10m以内である場合の0.90の補正率を適用して計算されており、同市は、本件土地について、鉄道騒音により利用価値が低下していると判断したものである。そうすると、相続税の評価額においても、固定資産税評価

(3) 本件取扱いにより減額することができる宅地は、騒音等により取引金額に影響を受けると認められるものに限られるところ、固定資産税評価額の決定における鉄道騒音補正は、鉄軌道中心線から一定の範囲内に所在することを要件として、その距離に応じて画一的に適用されるものであるから、本件土地に鉄道騒音補正が適用されていることをもって、本件土地の取引金額が鉄道騒音による影響を受けていることにはならない。

額と同様に、鉄道騒音による価値下落の影響をしんしゃくすべきである。	

4　判　断

(1)　法令解釈等

　イ　相続税法第22条は、相続により取得した財産の価額は、特別の定めがあるものを除き、当該財産の取得の時における時価による旨を規定しており、ここでいう時価とは相続開始時における当該財産の客観的交換価値をいうものと解される。そして、その客観的交換価値は、必ずしも一義的に確定されるものではないから、課税実務上は、財産評価の一般的基準が評価通達によって定められ、原則として、評価通達に定める画一的な評価方法によって、当該財産の評価をすることとされている。このように、あらかじめ定められた評価方式によって画一的に相続財産を評価することは、税負担の公平、効率的な税務行政の実現等の観点からみて合理的であって、当審判所においても、著しく不適当と認められる特別な事情が存しない限り、評価通達によって相続財産を評価するのが相当であると認められる。

　ロ　評価通達１の(3)は、財産の評価に当たっては、その財産の価額に影響を及ぼすべきすべての事情を考慮する旨定めており、これが、財産評価の一般原則として、上記イの相続税法第22条に規定する時価の考え方に照らし相当と解されることからすれば、評価通達に基づき路線価方式により宅地を評価する場合であっても、その宅地に、その価額に影響を及ぼすべきその宅地固有の客観的な事情が存するときには、当該事情が評価通達に定めるところにより一定の加算又は減算による調整を行うものや適用すべき路線価に既に反映していると認められるものを除き、所要の考慮を要すると解するのが相当である。

　ハ　本件取扱いは、課税実務上の取扱いとして、上記１の(4)のロのとおり、騒音等の各種の事情により、その付近にある他の宅地の利用状況からみて、利用価値が著しく低下していると認められる部分のある宅地について、その価値に減価を生じさせている当該事情が、その宅地の評価上適用すべき路線価の評定において考慮されていない場合に限り、その宅地固有の客観的な事情として10％の減額をするものであり、上記イ及びロに照らし、当審判所においても相当であると認められる。

したがって、騒音により利用価値が著しく低下している宅地として本件取扱い
　により減額して評価すべきであるのは、①当該宅地の評価に当たって用いる路線
　価が騒音の要因を考慮して付されたものではないこと（路線価における騒音要因
　のしんしゃく）、②騒音が生じていること（騒音の発生状況）、及び③騒音により
　当該宅地の取引金額が影響を受けると認められること（騒音による取引金額への
　影響）の３つの要件が満たされている場合とするのが相当である。

ニ　地方税法第403条《固定資産の評価に関する事務に従事する市町村の職員の任
　　務》第１項は、市町村長は、一定の場合を除くほか、同法第388条《固定資産税
　　に係る総務大臣の任務》第１項の固定資産評価基準によって固定資産の価格を決
　　定しなければならない旨規定している。そして、固定資産評価基準では、宅地の
　　評価は、各筆の宅地について評点数を付設し、当該評点数を評点１点当たりの価
　　額に乗じて各筆の宅地の価額を求める方法によるものとし、評点数は、主として
　　市街地的形態を形成する地域については、路線価を基礎とし、固定資産評価基準
　　に定める画地計算法を適用して付設するものとするが、市町村長は、宅地の状況
　　に応じ、必要があるときは、当該計算法に所要の補正をして宅地を評価する旨定
　　められており（固定資産評価基準第１章《土地》第３節《宅地》二《評点数の付
　　設》（一）《「市街地宅地評価法」による宅地の評点数の付設》）、この所要の補正
　　は、宅地の固定資産税評価額を算定するに当たって、当該宅地の価格低下等の要
　　因が個別的であるため、その価格事情を路線価に反映させることができない場合
　　において、当該価格事情が当該宅地の価格に特に著しい影響を及ぼすと認められ
　　るときに限り、個々の画地ごとに当該価格事情に応じて行うことができるとされ
　　ているものである。

(2)　騒音に関する公的基準等
　　騒音について、環境省が定めるものに次のものがある。

イ　「騒音に係る環境基準」（平成10年９月30日付環境庁（現環境省。以下同じ。）
　　告示第64号）
　　　環境基本法第16条第１項の規定に基づいて政府が定めた「騒音に係る環境基
　　準」（人の健康を保護し、及び生活環境を保全する上で維持されることが望まし
　　い基準）の内容は、要旨次のとおりである。なお、ｇ県は、本件土地の存する第
　　二種住居地域を、下記(イ)の「主として住居の用に供される地域」に指定している。

(イ) 主として住居の用に供される地域における騒音の基準値を、昼間（6時から22時）は55デシベル以下、夜間（22時から翌6時）は45デシベル以下とする。

(ロ) この環境基準は、鉄道騒音には適用しない。

ロ 「在来鉄道の新設又は大規模改良に際しての騒音対策の指針について」（平成7年12月20日付環大一第174号通達。以下「在来鉄道騒音指針」という。）

　　在来鉄道騒音指針では、在来鉄道の新設に際して、生活環境を保全し、騒音問題が生じることを未然に防止する上で目標となる当面の騒音の指針値を、等価騒音レベル（変動する騒音に人間がどの程度の時間さらされたかを評価する量で、観測時間内の平均値として表したもののこと）で、昼間（7時から22時まで）は60デシベル以下、夜間（22時から翌7時）は55デシベル以下とするとされている。

ハ 「新幹線鉄道騒音に係る環境基準について」（昭和50年7月29日付環境庁告示第46号。以下「新幹線騒音基準」という。）

　　新幹線騒音基準では、第二種住居地域を、主として住居の用に供される地域とし（昭和50年10月3日付環大特第100号通達）、当該地域については、原則として連続して通過する20本の列車のピーク騒音レベル（調査対象となる1列車が通過する際に発生する騒音レベルの最大値のこと）で、その上位半数のパワー平均値（騒音のもととなっている音のエネルギー量（パワー）を平均した値）を70デシベル以下とするとされている。

ニ 在来鉄道騒音指針等における鉄道騒音の測定方法

　　在来鉄道騒音指針及び平成27年10月に環境省が定めた「在来鉄道騒音測定マニュアル」（以下「騒音測定マニュアル」という。）における鉄道騒音の測定方法等は、要旨次のとおりである。

　　なお、騒音測定マニュアルは、在来鉄道騒音指針において示された鉄道騒音の測定方法が、既設の在来鉄道には適用されないことから、当該測定方法に準拠しながら、より具体的な騒音の測定手順や算出手順等の標準的な方法を示すものとして定められたものである。

(イ) 騒音計について、在来鉄道騒音指針は、計量法第71条《合格条件》の条件に合格したものを使用することとしているところ、騒音測定マニュアルは、これに加えて、日本工業規格であるJIS C 1509-1（騒音計の仕様に関する規格）に適合するもので、一定の機能を有するものを用いることとしている。

(ロ) 測定日について、在来鉄道騒音指針は、雨天、その他の特殊な天候の日は避けることとしているところ、騒音測定マニュアルは、列車走行が平均的な状況を呈する日とし、強風時、降雨・降雪時、積雪時など地面の状態が通常と異なるときなどは避けることとしている。

(ハ) 測定地点について、在来鉄道騒音指針は、近接側軌道中心線からの水平距離が12.5m、地上からの高さが1.2mで、窓又は外壁から原則として3.5m以上離れた地点を選定することとしているところ、騒音測定マニュアルは、近接側軌道中心から水平距離が12.5m及び25.0mの地点を標準とし、原則として、地上からの高さが1.2mで、地面以外の反射物から3.5m以上離れた地点を選定することとしている。

(3) 認定事実

請求人提出資料、原処分関係資料並びに当審判所の調査及び審理の結果によれば、次の事実が認められる。

イ 本件土地近辺の騒音の発生状況等

(イ) 請求人による本件測定の方法及びその結果

平成30年9月21日（金曜日）午前10時から約50分間にわたって請求人が行った本件土地における鉄道騒音の測定（本件測定）の方法及びその結果は、以下のとおりであった。

A 騒音計は、上記(2)のニの(イ)の計量法第71条の条件に合格したものではなく、JIS規格の適合性の認証を受けたものではないが、JIS C 1509 - 2 （JIS C 1509 - 1 に規定する仕様のすべてに適合しているかどうかの検証に必要な試験に関する規格）に準拠したものであった。

B 測定地点は、本件土地内のd鉄道e線から水平距離で10.05m及び29.98mの各地点において、周囲3.5m以内に窓又は外壁などの反射物がない状況で、マイクロホンを地上から1.2mの高さに設置して測定した。なお、当時の天候は曇りであり、ほぼ無風状態であった。

C 測定結果については、別表3のとおり、約50分間に25本の列車の通過があり、その測定値は、10.05mの地点では67.5から85.0デシベル、29.98mの地点では61.8から79.5デシベルであった。

(ロ) g県におけるd鉄道e線の騒音実態調査の結果

平成15年度にg県が実施したd鉄道e線の騒音実態調査の結果は、以下のとおりであった。なお、これ以後、騒音実態調査は実施されていない。

A　平成15年10月に実施されたa市h町における近接側軌道中心から12.5mの地点で測定された騒音測定の結果は、等価騒音レベルが、昼間（7時から22時）が67デシベル、夜間（22時から翌7時）が61デシベルであり、ピーク騒音レベルの上位半数のパワー平均値は84デシベルであった。これらの測定値は、いずれも、等価騒音レベルについては、在来鉄道騒音指針における測定方法に、ピーク騒音レベルについては、新幹線騒音基準における測定方法にそれぞれ準拠して行われたものであった。

B　上記のh町における測定場所は、本件土地からi方面へ約2kmの地点であり、列車の通過速度、軌道構造（平坦）、軌道の高さ、ロングレール（騒音を軽減するレール）の条件は、本件相続開始日時点（平成27年）又は本件測定の実施時点（平成30年）の本件土地とおおむね一致していた。

また、上記騒音実態調査の実施時点（平成15年）と、平成27年又は平成30年の列車の状況等を比較すると、普通列車（各駅停車）の車両がモデルチェンジの移行時期（○○）であったが、平成15年に運行していた特急、快速及び普通列車の各車両のモデルは、平成27年又は平成30年の特急、快速及び旧型（○系）の普通列車の各車両のモデルと同じものであった。その他、平成15年と平成27年又は平成30年との間に、上記騒音実態調査の実施地点と本件測定の実施地点において、沿線に生じる騒音のレベルに有意な変化をもたらすような事情はなかった。

(ハ)　本件土地における騒音の防止措置

本件土地の周囲には、防音壁などの騒音防止措置は施されていない。

(ニ)　当審判所の現地調査の結果

当審判所は、令和元年8月21日午後2時頃、本件土地の現地調査を実施し、その際の列車通過時の騒音は、普通の会話が聞こえづらくなる程度のものであった。

(ホ)　d鉄道e線の通過列車本数

当審判所の調査日（令和元年11月20日）現在において、本件土地を通過するd鉄道e線の列車本数は、平日一日当たり、j・i・k方面行き（上り線）が

242本、m・n・p方面行き（下り線）が247本の合計489本であり、本件土地の最寄り駅であるq駅（本件土地よりp方面に存する。）発のj・i・k方面行きの列車は、始発が4時54分、終発は23時56分であり、q駅発のm・n・p方面行きの列車は、始発が5時13分、終発が24時45分となっている。また、通勤時間帯（7時台から9時台及び16時台から22時台）の頻度はおおむね5分弱間隔である。

ロ 本件土地及びその近隣地域における固定資産評価

(イ) a市の固定資産評価における鉄道騒音に対する所要の補正

　　a市では、固定資産の評価に当たり、固定資産評価基準に定められた所要の補正（固定資産評価基準第1章第3節二（一）4《各筆の宅地の評点数の付設》）の一つとして、鉄道騒音の影響を受けることに対する宅地についての減価補正（名称は鉄道騒音補正）が設けられており、d鉄道e線は当該補正の対象とされている。

　　そして、この場合の補正率については、d鉄道e線の上り線下り線それぞれの線路の中心から直線30mの範囲を影響圏内として、画地の一部でも当該影響圏内であれば、鉄軌道中心線からの最短距離が10m以内の場合は0.90、10mを超え20m以内の場合は0.92、20mを超え30m以内の場合は0.95として、当該補正率に基づき、画地の総地積に対し補正を行うこととされている。

(ロ) 本件土地への鉄道騒音補正の適用

　　本件相続開始日（平成27年2月○日）における本件土地の固定資産税評価額は、d鉄道e線の鉄軌道中心線から10m以内に存する場合の鉄道騒音補正率0.90を適用して算定されている。

(ハ) R市の固定資産評価における鉄道騒音に対する所要の補正

　　a市に隣接するR市（本件土地は、a市とR市との市境付近に所在している。）でも、固定資産の評価に当たり、上記(イ)の所要の補正の一つとして、鉄道騒音の影響を受けることに対する宅地についての減価補正が設けられており、d鉄道e線は当該補正の対象とされている。

　　そして、この場合の補正率については、d鉄道e線の鉄軌道用地の中心線から30m以内の範囲を適用対象として、総画地地積に対する当該30m以内の範囲の地積の割合に応じて、0.90から0.98までの補正率を適用することとされている。

(4) 検討

　　本件土地を評価通達の定めによって評価することについては、請求人と原処分庁
との間に争いはなく、当審判所の調査の結果によっても、評価通達の定める評価方
法によって評価することが著しく不適当と認められるような特別な事情は認められ
ないから、本件土地は、本件路線価に基づいて評価すべきである。

　　そこで、上記(1)のハの各要件に照らして、本件土地が騒音により利用価値が著し
く低下している宅地として本件取扱いにより減額して評価すべきであるか否かにつ
いて検討するに、上記(1)のハの①の要件については、上記１の(3)のロの(ロ)のとおり、
本件路線価の決定に当たって鉄道騒音の要因はしんしゃくされておらず、同要件を
満たすと認められることから、以下、②及び③の要件が満たされているか否かにつ
いて検討する。

イ　騒音の発生状況（上記(1)のハの②の要件）

　　以下の(イ)から(ニ)までの各事情を総合して判断すると、本件相続開始日において、
本件土地では、ｄ鉄道ｅ線の列車走行により、在来鉄道騒音指針における等価騒
音レベルの指針値及び新幹線騒音基準におけるピーク騒音レベルの基準値のいず
れをも上回る相当程度の騒音が、日常的に発生していたと認められる。

(イ)　請求人が行った本件測定（上記(3)のイの(イ)）については、①使用した騒音計
は、日本工業規格のJIS C 1509－2に準拠したものであったこと（なお、JIS
C 1509－2に準拠しているとは、試験機関の試験を受けていないが、JIS C
1509－2の項目をすべてクリアしているということである（当審判所の調査の
結果）。）、②測定場所（ｄ鉄道ｅ線から10.05ｍ地点及び29.98ｍ地点）は、在来
鉄道騒音指針及び騒音測定マニュアルにおける標準的な測定場所（12.5ｍ地点
及び25.0ｍ地点）におおむね準拠していたこと、③マイクロホンは地上1.2ｍの
高さに設置し、周囲3.5ｍ以内に窓又は外壁等の反射物がなかったこと、及び
④測定に影響を及ぼす気象条件ではなかったことからすると、その測定方法は、
在来鉄道騒音指針及び騒音測定マニュアルで示された標準的な測定方法（上記
(2)のニ）に完全には準拠するものではないものの、不合理な測定方法とまでは
いえず、その測定結果には一定の信用性を認めることができる。

　　かかる本件測定の結果によれば、上記(3)のイの(イ)のＣのとおり、等価騒音レ
ベルは不明であるものの、少なくとも、①10.05ｍ地点における測定値（67.5か

ら85.0デシベル）及び29.98m地点における測定値（61.8から79.5デシベル）は、いずれも在来鉄道騒音指針の等価騒音レベルによる昼間（7時から22時）の指針値である60デシベル（上記(2)のロ）を上回っていること、②本件測定における連続して通過する20本の列車の上位半数の測定値は、どの20本をとっても、いずれも新幹線騒音基準のピーク騒音レベルによる基準値である70デシベル（上記(2)のハ）を上回っていること、及び③全通過本数25本のうち21本の測定値が同基準値を上回っていることが認められる。

(ロ)　そして、上記(3)のイの(ロ)のとおり、平成15年10月に実施されたg県の騒音実態調査におけるa市h町での測定結果において、等価騒音レベル（昼間が67デシベル、夜間が61デシベル）は、在来鉄道騒音指針における指針値（昼間が60デシベル、夜間が55デシベル）をいずれも上回っており、ピーク騒音レベル（84デシベル）も、新幹線騒音基準の基準値（70デシベル）を上回っていることが認められるところ、h町と本件土地との距離が約2kmであるものの、列車の通過速度、軌道構造（平坦）、軌道の高さ、ロングレール（騒音を軽減するレール）の条件が本件土地とおおむね一致していることや、騒音実態調査の実施時点（平成15年）に運行していた列車の車両のモデルが本件相続開始日時点（平成27年）又は本件測定時点（平成30年）における車両のモデルと同じであり、平成15年と平成27年又は平成30年との間に、上記騒音実態調査の実施地点と本件測定の実施地点において、沿線に生じる騒音のレベルに有意な変化をもたらすような事情はなかったと認められることからすると、本件相続開始日時点又は本件測定の時点においても、本件土地における騒音発生状況は、h町における上記の騒音実態調査の状況と類似したものであったと推認される（実際に、上記(イ)で指摘したとおり、本件測定における10.05m地点の測定値（67.5から85.0デシベル）は、上記騒音実態調査における昼間の等価騒音レベル（67デシベル）及びピーク騒音レベル（84デシベル）の測定値に近似している。）。

(ハ)　また、上記(3)のイの(ニ)のとおり、当審判所の現地調査においても、列車通過時には普通の会話が聞こえづらくなる程度の騒音があったことが認められるところ、当該騒音が何デシベルであるか客観的に確定する証拠は存在しないものの、上記(イ)及び(ロ)からしても、本件土地においては相当程度の騒音が発生していたことは、経験則上、容易に肯認できるというべきである。

(ニ)　さらに、上記(3)のイの(ハ)及び(ホ)のとおり、①本件土地周辺には騒音防止措置等が施されていないことや、②１日の列車本数は400本以上で、運行時間帯は午前５時頃から深夜零時過ぎにまで及び、時間帯によっては５分弱間隔の頻度で列車が通過することからすると、ｄ鉄道ｅ線の列車走行による騒音は、長時間にわたり、相当の頻度で発生していることが認められる。

ロ　騒音による取引金額への影響（上記(1)のハの③の要件）

上記(3)のロのとおり、本件土地の所在するａ市及び隣接するＲ市においては、補正率の算出方法は異なるものの、いずれも鉄軌道中心線から30ｍの範囲内の土地について、固定資産評価基準に定められた所要の補正の一つとして、鉄道騒音により土地価格が低下することを固定資産税評価額に反映させるための減価補正が設けられ、しかも、ｄ鉄道ｅ線が当該補正の対象とされているのであって、現に、本件土地の固定資産税評価額については、ｄ鉄道ｅ線の鉄軌道中心線から10ｍ以内に存する場合の0.90の鉄道騒音補正率を適用して算定されていることが認められる。

そして、固定資産評価基準は、市町村長が、固定資産の価格、すなわち、適正な時価（地方税法第341条《固定資産税に関する用語の意義》第５号）を決定する際の客観的かつ合理的な基準であると認められるところ、このような固定資産評価基準における所要の補正の趣旨（上記(1)のニ）に照らせば、ａ市及びＲ市においては、ｄ鉄道ｅ線の列車走行により発生する騒音が、鉄軌道中心線から30ｍの範囲内の土地の価格低下の要因となっており、その価格事情（鉄道騒音）が、当該土地の価格に特に著しい影響を及ぼしているものと認められる。

さらに、上記１の(3)のロの(ロ)のとおり、本件土地は、ｄ鉄道ｅ線の線路敷から約10ｍから30ｍまでの範囲内に位置していることから、その地積全体について、ｄ鉄道ｅ線の鉄道騒音によりその取引金額が影響を受けていると認めるのが相当である。

ハ　総括

以上のとおり、本件土地については、①本件路線価に騒音の要因がしんしゃくされていないこと、②ｄ鉄道ｅ線の列車走行により、相当程度の騒音が日常的に発生していたと認められること、③当該騒音により、その地積全体について取引金額が影響を受けていると認められることから、本件土地の全体につき、騒音に

より利用価値が著しく低下している宅地として本件取扱いにより減額して評価すべきものと認められる。

したがって、本件土地の評価額は、本件土地全体を利用価値が低下していないものとして評価した場合の価額から、当該価額に10％を乗じて計算した金額を控除した価額により評価するのが相当である。

(5) 原処分庁の主張

原処分庁は、本件測定は、測定時間が1時間程度で、測定方法も明らかでないことから、その測定結果を基に本件土地において著しい鉄道騒音があるか否かを判断することができず、また、a市が本件土地の固定資産税評価額について鉄道騒音による減価補正を適用していることをもって、本件土地の取引金額が鉄道騒音の影響を受けていることにはならないなどとして、本件土地は本件取扱いの対象となる利用価値が著しく低下している宅地には該当しない旨主張する。

しかしながら、1日のうち何時間測定するのか、又は、1日に通過する列車の何本について測定を行うべきかという点に関して、一般的に受け入れられている準則があると認めるに足りる証拠はなく、また、当審判所は、本件測定の結果のみに基づいて、本件土地に相当程度の騒音が発生していたと判断するものではない（上記(4)のイ）。そして、本件土地が騒音により利用価値が著しく低下している宅地として減額して評価すべきであることは上記(4)のハで述べたとおりであるから、原処分庁の主張は採用することができない。

(6) 本件更正処分の適法性について

上記(4)のハのとおり、本件土地の評価額は、本件土地全体を利用価値が低下していないものとして評価した場合の価額から、当該価額に10％を乗じて計算した金額を控除した価額により評価するのが相当であるから、これを前提に算定すると、別表4のとおり、16,242,770円となり、別表2の「更正の請求」欄の「相続税の総額の計算」欄における「うち本件土地の価額」欄の金額と同額となる。

以上を前提に請求人に係る本件相続税の課税価格及び納付すべき税額を計算すると、別表2の「更正の請求」欄の「課税価格」欄及び「納付すべき税額」欄の金額と同額となり、本件更正処分の金額（別表2の「再更正処分」欄の「課税価格」欄及び「納付すべき税額」欄の金額）を下回る。

したがって、本件更正処分は違法であり、その全部を取り消すべきである。

(7) 結論

よって、審査請求には理由があるから、原処分の全部を取り消すこととする。

別表1　相続財産である土地の明細（省略）

別表2　審査請求に至る経緯（省略）

別表3　本件測定の結果（省略）

別表4　本件土地の審判所認定額（省略）

別紙　本件土地の周辺図（省略）

四　消費税法関係

〈令和 2 年 4 月〜 6 月分〉

消費税法

事例 5 （課税標準　課税資産の譲渡等の対価の額）

　個人的な使用に供される輸入貨物について、税関告知書記載の価格に基づいてされた消費税等の賦課決定処分に誤りがあるとして取り消した事例（令和元年 6 月 9 日付でされた課税物品を内容とする郵便物の輸入に係る消費税及び地方消費税の賦課決定処分・全部取消し・令和 2 年 5 月 7 日裁決）

《ポイント》

　本事例は、原処分庁が、請求人を名宛人とする外国からの郵便物に添付された税関告知書記載の価格に基づき消費税の課税標準を算出するなどした上で、請求人に消費税等の賦課決定処分を行ったところ、当該郵便物の内容品の価格は、請求人が購入した商品の価格であると認められ、当該税関告知書に記載された価格は誤りであると判断して、原処分を取り消したものである。

《要旨》

　原処分庁は、外国から発送された請求人を名宛人とする郵便物（本件郵便物）の内容品の価格は、税関告知書に記載された金額（本件金額）と認められることから、関税定率法（定率法）第 4 条の 6 《航空運送貨物等に係る課税価格の決定の特例》第 2 項の適用がある場合における本件郵便物の課税価格は本件金額に基づいて算出すべきである旨主張する。

　しかしながら、請求人は中古のミニカー 1 個（本件商品）を購入していたところ、①請求人による本件商品の発注から本件郵便物の受取までを一連の手続としてみた場合に時系列の点で矛盾点がなく、かつ、不自然な点がないことに加え、請求人と本件商品の譲渡人との電子メールの件名や添付された画像データからも、本件郵便物の内容品は本件商品であったと考えるのが自然であること、②本件郵便物の内容品及び本件商品の原産国や重量などをみても、本件郵便物の内容品は本件商品であったと考えるのが自然であること、③請求人と本件商品の譲渡人との電子メールでのやり取りから、本件郵便物の内容品が本件商品以外の別の貨物である可能性は極めて低いことを総合勘案すると、本件郵便物の内容品は本件商品であったと認められる。したがって、本件郵便物の課税価格を本件金額に基づいて算出した賦課決定処分はその全部を取り消すべきである。

（令和2年5月7日裁決）

《裁決書（抄）》

1　事　実

（1）　事案の概要

　　　本件は、原処分庁から委任を受けた税関出張所長が、審査請求人（以下「請求人」という。）を名宛人とする外国からの郵便物に添付された税関告知書記載の価格に基づき消費税の課税標準を算出するなどした上で、請求人に消費税等の賦課決定処分を行ったことに対し、請求人が、当該税関告知書記載の価格は誤りであり、原処分はこの誤った価格に基づきされているとして、その取消しを求めた事案である。

（2）　関係法令等

　　　関係法令等は、別紙のとおりである。

　　　なお、別紙で定義した略語については、以下、本文においても使用する。

（3）　基礎事実及び審査請求に至る経緯

　　　当審判所の調査及び審理の結果によれば、以下の事実が認められる。

　　イ　請求人が購入した商品について

　　　(イ)　請求人は、令和元年6月4日、F（以下「本件譲渡人」という。）が電子商取引サイト「G」（以下「本件サイト」という。）に掲載していた中古のミニカー（小型模型自動車。以下同じ。）1個（以下「本件商品」という。）を①商品価格○○○○ポンド及び②配送料8ポンドの合計○○○○ポンドで注文した。

　　　(ロ)　請求人は、令和元年6月4日、「H」と称するクレジットカードを利用し、本件商品の購入代金として上記(イ)の金員○○○○ポンドを円換算した金額（○○○○円）を支払った。

　　ロ　外国から発送された請求人を名宛人とする郵便物について

　　　(イ)　本件譲渡人は、令和元年6月5日、グレートブリテン及び北アイルランド連合王国（以下「英国」という。）から請求人を名宛人とする郵便物（郵便物番号○○○○であり、宛先地は肩書地である。以下「本件郵便物」という。）を発送した。

　　　(ロ)　本件郵便物には、①内容品の明細として「Twi car」、②内容品の価格として「○○○○」などと記載された税関告知書（以下「本件告知書」という。）が添

— 100 —

付されていた。また、本件告知書には、記載事項に誤りがないことを本件譲渡人（郵便物の発送者）が証明する旨などが印字されており、また、本件譲渡人名による署名がある。

　　　　なお、本件告知書には、郵便物の内容品の価格を記載する欄に通貨単位の記載がないが、本件告知書における郵便物の内容品の価格の通貨単位がポンドであることについて、原処分庁及び請求人に争いはない。

　　(ハ)　本件郵便物は、令和元年6月8日、J社K郵便局に到着した。

ハ　本件郵便物の通関手続について

　　(イ)　J社K郵便局は、令和元年6月9日、原処分庁から委任を受けたL税関M外郵出張所長に対し、本件郵便物を提示した。

　　(ロ)　M外郵出張所長は、令和元年6月9日、本件郵便物の内容品が本件告知書の記載からは明らかではないと判断し、税関検査のため本件郵便物を開封して、①その内容品の材質、②その内容品がミニカーであること、③個数が1個であること、④原産国がフランス共和国（以下「フランス」という。）であることなどを確認した。

　　　　他方、M外郵出張所長は、本件郵便物を開封した際、その内容品を撮影した写真などといった、じ後、本件郵便物の内容品がどのようなものであったか確認できる証拠資料等を残さなかった。

ニ　その後の審査請求に至るまでの経緯について

　　(イ)　M外郵出張所長は、令和元年6月9日付で、本件告知書の記載から本件郵便物の内容品の価格を〇〇〇〇ポンドと確認した上で、請求人に対し、本件規定、本件通達などに基づき、①本件郵便物の内容品の価格を1ポンド当たり138.59円で円換算し、②消費税の課税標準を〇〇〇〇円、③地方消費税（以下、消費税と併せて「消費税等」という。）の課税標準を〇〇〇〇円、④消費税等の税額を〇〇〇〇円などとする賦課決定処分（以下「本件賦課決定処分」という。）を行うとともに、本件郵便物の宛先地である肩書地を所轄するJ社N郵便局を経て、請求人に対し本件賦課決定処分を通知するため、同日付の「国際郵便物課税通知書」と題する書面（課税通知書番号は〇〇〇〇である。以下「本件通知書」という。）を作成した。

　　　　なお、本件郵便物に係る関税の額は、定率法別表の規定により零円となる。

㈹　Ｊ社Ｎ郵便局は、令和元年6月11日、本件通知書及び本件郵便物を肩書地に持参したところ請求人が不在であったため、本件通知書のみを差し置き、本件郵便物を持ち帰った。

その後、Ｊ社Ｎ郵便局は、令和元年6月11日、請求人から本件郵便物の配達希望日を同月12日とする旨の連絡があったことを受け、同日、再度、本件郵便物を肩書地に持参した。

㈻　請求人は、令和元年6月12日、本件通知書に記載された消費税等に相当する額の金銭をＪ社Ｎ郵便局に交付しその納付を委託した上で、本件郵便物を受け取った。

本件郵便物には、その内容品以外のものは何も封入されていなかった。

㈾　請求人は、令和元年6月20日、本件賦課決定処分に不服があるとして、審査請求をした。

2　争　点

本件規定の適用がある場合における本件郵便物の課税価格は幾らか。具体的には、本件郵便物の内容品の価格は幾らか。

3　争点についての主張

原処分庁	請求人
本件郵便物の内容品の価格は、本件告知書に記載された○○○○ポンドと認められる。　そうすると、本件規定の適用がある場合における本件郵便物の課税価格は、本件通達の定めなどを適用した結果○○○○円となる。	本件郵便物の内容品は、請求人が○○○○ポンドで購入した中古のミニカーであるから、その課税価格は○○○○ポンドを基礎として算出すべきであり、○○○○ポンドである旨の本件告知書の記載は誤りである。

4　当審判所の判断

(1)　はじめに

イ　税関告知書は、記載事項に誤りがないことを郵便物の発送者自らが証明する書面であるが（上記1の(3)のロの㈹）、本件では、請求人が本件告知書の価格の記載に誤りがある旨主張しており（上記3の「請求人」欄）、直ちにこれを本件郵

便物の内容品の価格とみて争点（本件郵便物の内容品の価格は幾らか。）について判断をすることは相当でない。

　そこで検討するに、本件郵便物にはその内容品以外のものが封入されていない（上記1の(3)のニの(ハ)）など、本件郵便物の内容品の価格が直ちに明らかとなり得る証拠資料等がない状況であるため、本件郵便物の内容品が本件商品であったと認められるか否か判断した上で、争点について判断すべきである。

ロ　すなわち、M外郵出張所長が税関検査の際に本件郵便物の内容品を撮影した写真などといった、本件郵便物の内容品がどのようなものであったか可視的に確認できる証拠資料等はないが（上記1の(3)のハの(ロ)）、請求人が主張するように、本件郵便物の内容品が本件商品であったと認められるならば（上記3の「請求人」欄）、その価格は明らかであるから（上記1の(3)のイの(イ)）、争点についての判断ができることとなる。

　他方、本件郵便物の内容品が本件商品であったとは認められないならば、その内容品は本件商品以外の別の貨物ということとなる。この場合、本件郵便物の内容品の価格について、本件告知書の記載に誤りがあったことが明らかとはならず、かえって、先に述べたように税関告知書が記載事項に誤りがないことを発送者自らが証明する書面であることからすれば（上記イ）、本件郵便物の内容品の価格は○○○○ポンドであったといわざるを得ず（上記1の(3)のロの(ロ)）、やはり、争点についての判断ができることとなる。

ハ　そのため、以下では、まず、①本件郵便物の内容品が本件商品であったと認められるか否かについて検討・判断し、その上で、②本件の争点について検討・判断することとする。

(2)　法令解釈

　本件規定は、定率法第4条から第4条の4までの規定により課税価格を計算する場合において、通信販売等により小売取引で購入されたと認められる貨物で輸入者の個人的使用に供されるものについては、通常の商業量に達する貨物が卸取引段階で取引されることからみて、課税の公平を期するため、卸段階において取引がされたとした場合の価格を課税価格とすることとしたものと解される。

(3)　認定事実

　請求人提出資料、原処分関係資料並びに当審判所の調査及び審理の結果によれば、

以下の事実が認められる。

イ　本件商品が発送されることとなるまでの経緯について

　(イ)　請求人が令和元年6月4日に本件商品を注文したことにより、本件サイトにおける注文番号○○○○（以下「本件注文番号」という。）が付番された。

　(ロ)　請求人は、本件商品の注文に当たって、要旨、次の事項を本件譲渡人と取り決めた。

　　A　支払代金には地方税を含むが、追加で税金が課される場合があること。

　　B　本件譲渡人が支払代金を受け取れば、同人が直ちに本件商品を発送すること。

　(ハ)　請求人が令和元年6月4日に代金の支払を了したため、本件譲渡人との上記(ロ)のBの取決めにより本件商品が請求人の元に発送されることとなった。

ロ　請求人が本件郵便物を受け取るまでの経緯について

　(イ)　本件譲渡人は、本件商品を売却した翌日（令和元年6月5日）、英国から本件郵便物を請求人宛に発送した。

　(ロ)　本件郵便物は、令和元年6月8日、本邦に到着した後、同月9日、M外郵出張所長に提示され、本件通知書が作成された。

　(ハ)　本件通知書は、令和元年6月11日、J社K郵便局から同N郵便局を経て肩書地に差し置かれた。その後、請求人は、同日、本件通知書を受け取った。

　(ニ)　請求人は、令和元年6月12日、本件郵便物を受け取った。

ハ　本件商品の原産国及び重量について

　(イ)　本件商品はフランス製のミニカーである。

　(ロ)　請求人が計測した本件商品の重量は79グラムであり、これに当審判所が計測した本件郵便物の内容品が封入されていた封筒の重量15グラムを加算すると合計94グラムとなる。

ニ　M外郵出張所長が確認した本件郵便物の内容品の原産国及び重量について

　(イ)　本件郵便物の内容品は、M外郵出張所長による税関検査によりフランス製のミニカーであることが確認された。

　(ロ)　本件郵便物には、本件告知書のほか、本件郵便物の内容品と同内容品を封入していた封筒を併せた重量が0.096キログラムである旨などが記載された書面も添付されていた。

ホ　本件通知書を受け取った後の請求人と本件譲渡人との電子メールでのやり取り
について

　(イ)　請求人は、令和元年 6 月11日、本件通知書を受け取った後、本件譲渡人に対
し、件名を「Re: 注文番号（○○○○）の2019年06月 4 日について」とする電
子メールを送信した（以下、請求人と本件譲渡人とがやり取りした電子メール
を「本件メール」という。）。

　　　請求人は、本件メールにおいて、要旨、①本件告知書に記載された本件郵便
物の内容品の価格が○○○○ポンドであったため、本件通知書に記載された消
費税等の額を納付することを強いられたと伝えるとともに、②本件郵便物の内
容品の価格が○○○○ポンドではなく、本来の価格であることを本件譲渡人が
明らかにできないかについて、③本件告知書の画像データを添付した上で要請
した。

　(ロ)　これに対し、本件譲渡人は、令和元年 6 月12日、自らが本件告知書への記載
をしたのではない旨の返信をしたが、同日以降も請求人からの本件メールに応
答はしていた。

　　　その後、本件譲渡人は、令和元年 9 月23日、（貨物を特定せず）代金の支払
を証する証拠資料等を同人が有していないかとの同年 6 月19日における請求人
からの本件メールでの問合せに対し、①本件譲渡人が本件サイトに掲載してい
た本件商品を請求人が注文し、かつ、代金の支払がされたため、同月 5 日にこ
れが発送される状態となったことが明らかとなる書面の画像データ、及び②本
件郵便物を発送した際に英国の郵便局において発行された「Post Office Ltd.
CERTIFICATE OF POSTING」と称する書面の画像データを添付し、請求人
に返信をした。

(4)　検討

　イ　本件郵便物の内容品が本件商品であったと認められるか否か

　(イ)　本邦に所在する者が、外国から商品を購入し、その後、郵便により当該商品
を受け取るためには、①商品を注文する、②商品の代金を支払う、③郵便によ
り商品を郵送させる、④税関による通関手続を経る、その後、⑤郵便物、すな
わち当該商品を受け取るといった手続を全て行う必要がある。

　　　本件郵便物の内容品が本件商品であるとした場合、①請求人が本件商品を注

文し、②代金の支払をしたことにより、本件譲渡人により直ちに本件商品が発送される状態になってから（上記(3)のイ）、③本件譲渡人が本件郵便物を請求人宛に発送し（同ロの(イ)）、④税関による通関手続を経た後、本件通知書により本件郵便物に対して課税されることが請求人に了知され（同(ロ)及び(ハ)）、請求人が本件メールを送信した後（同ホの(イ)）、⑤本件郵便物を受け取るまで（同ロの(ニ)）、全ての手続を行ったことが明らかとなっている上、上記①から⑤までを一連の手続としてみた場合に時系列の点で矛盾点がなく、かつ、前の行為から後の行為に至るまでの間に、大幅な期間の経過があったなど不自然な点もない。

　加えて、本件メールの件名には、本件サイトで本件商品を注文したことにより付番された本件注文番号と同一の番号があること（上記(3)のイの(イ)及びホの(イ)）、及び請求人からの（貨物を特定しない状態での）代金の支払を証する証拠資料等を本件譲渡人が有していないかとの問合せに対して同人が本件メールに添付した画像データが、本件商品及び本件郵便物に係るものであったこと（同(ロ)）を考慮すると、本件郵便物の内容品は本件商品であったと考えるのが自然である。

(ロ)　また、M外郵出張所長の税関検査において、本件郵便物の内容品は、本件商品と同様、フランス製のミニカーであったことが確認されていること（上記(3)のハの(イ)及びニの(イ)）、及び本件郵便物の内容品と同内容品を封入していた封筒を併せた重量（同(ロ)のとおり96グラムである。）と本件商品の重量に当審判所が計測した本件郵便物の内容品が封入されていた封筒の重量を加算した重量（同ハの(ロ)のとおり94グラムである。）とが相当近似していることからみても、本件郵便物の内容品は本件商品であったと考えるのが自然である。

(ハ)　他方、本件郵便物の内容品が本件商品以外の別の貨物であったとした場合、請求人は、本件譲渡人から本件商品と当該別の貨物の二つを取得し、その後、当該別の貨物を内容品とする本件郵便物の輸入に際して消費税等が課税されたことに対し本件メールを送信したこととなる。通常、ほぼ同時期に生じた取引についての請求人からのクレームに対しては、そのクレームの対象となったのは本件商品に関するものであるのか、あるいは当該別の貨物に関するものなのか確認することがあってしかるべきところ、本件メールではそのようなやり取

りは一切ない。

　このことからすれば、本件郵便物の内容品が本件商品以外の別の貨物である可能性は極めて低い。

　㈡　小括

　　以上のとおり、①請求人による本件商品の注文から本件郵便物の受取までを一連の手続としてみた場合に時系列の点で矛盾点がなく、かつ、不自然な点もないことに加え、本件メールの件名や添付された画像データからも、本件郵便物の内容品は本件商品であったと考えるのが自然であること、②本件郵便物の内容品及び本件商品の原産国や重量などをみても、本件郵便物の内容品は本件商品であったと考えるのが自然であること、③請求人と本件譲渡人との本件メールでのやり取りから、本件郵便物の内容品が本件商品以外の別の貨物である可能性は極めて低いことを総合勘案すると、本件郵便物の内容品は本件商品であったと認められる。

ロ　本件郵便物の内容品の価格は幾らか

　　上記イの㈡のとおり、本件郵便物の内容品は本件商品であったと認められる。そして、請求人が本件商品を注文するに当たって本件譲渡人と取り決めた事項は、追加で税金が課される場合があることなど上記⑶のイの(ロ)に掲げるもの以外にはなく、ほかの取決めがあったことをうかがわせる証拠もない。したがって、本件郵便物の内容品の価格は〇〇〇〇ポンドと認められる（上記１の⑶のイの(イ)）。また、本件郵便物の内容品の価格が〇〇〇〇ポンドと認められることから、請求人が主張するように、本件郵便物の内容品の価格が〇〇〇〇ポンドである旨の本件告知書の記載は誤りであったこととなる。

ハ　原処分庁の主張について

　　原処分庁は、本件郵便物の内容品の価格は本件告知書に記載された〇〇〇〇ポンドと認められる旨主張する。

　　しかしながら、本件郵便物の内容品は本件商品でありその価格は〇〇〇〇ポンドであると認められること、及び請求人が主張するように、本件告知書に記載された価格が誤りと認められることは上記ロのとおりである。

　　したがって、原処分庁の主張には理由がない。

⑸　本件賦課決定処分の適法性について

イ　本件規定は、定率法第４条から第４条の４までの規定により課税価格を計算する場合において、小売取引で購入されたと認められる貨物で輸入者の個人的使用に供されるものについては、通常の商業量に達する貨物が卸取引段階で取引されることからみて、課税の公平を期するため、卸段階において取引がされたとした場合の価格を課税価格とすることとしたものと解されるところ（上記(2)）、同法第４条第１項の規定が適用される場合における本件郵便物の課税価格については、上記(4)のロのとおり、請求人が本件商品を注文するに当たって本件譲渡人と取り決めた事項は上記(3)のイの㋺に掲げるもの以外にはなく、ほかの取決めがあったことをうかがわせる証拠もない。したがって、定率法第４条第１項の規定が適用される場合における本件郵便物の課税価格は最大でも○○○○ポンドとなる（上記１の(3)のイの㋑）。

ロ　また、定率法第４条第１項の規定により課税価格を計算できる場合には、同条第２項の規定が適用される場合を除き、同法第４条の２から第４条の４までの規定の適用はない（別紙の３の(1)から(5)まで）。そして、本件において定率法第４条第２項の規定の適用があるかについては、上記(4)のロのとおり、請求人と本件譲渡人との間で締結された本件商品の売買契約に関し、請求人が本件商品を注文するに当たって本件譲渡人と取り決めた事項は上記(3)のイの㋺に掲げるもの以外にはなく、ほかの取決めがあったことをうかがわせる証拠もないため、同項各号に規定する場合に該当するような事情も認められないことは明らかである。

ハ　以上のとおり、本件で定率法第４条第１項の規定が適用されるとした場合の課税価格は最大でも○○○○ポンドであり（上記イ）、また、同条第２項から同法第４条の４までの規定の適用はなく（同ロ）、これらを前提に１ポンド138.59円で円換算すると（上記１の(3)のニの㋑の①）、本件郵便物の課税価格が10,000円を上回ることはないから、輸徴法第13条第１項第１号（別紙の２の(2)）の規定により、本件郵便物の英国からの輸入については消費税が免除されるべきであったこととなる。また、消費税が免除されることとなる以上、消費税の額を課税標準とする地方消費税の額も生じない（地方税法（平成30年法律第３号による改正前のもの。）第72条の78《地方消費税の納税義務者等》第１項参照）。

　　したがって、本件賦課決定処分はその全部を取り消すべきである。

(6)　結論

よって、審査請求には理由があるから、原処分の全部を取り消すこととする。

別紙

関係法令等

1　消費税法関係

　　消費税法第28条《課税標準》第4項は、保税地域から引き取られる課税貨物（消費税法第2条《定義》第1項第11号に規定する課税貨物をいう。）に係る消費税の課税標準は、当該課税貨物につき関税定率法（以下「定率法」という。）第4条《課税価格の決定の原則》から第4条の9《政令への委任》までの規定に準じて算出した価格に当該課税貨物の保税地域からの引取りに係る消費税以外の消費税等（国税通則法第2条《定義》第3号に規定する消費税等をいう。）の額及び関税の額に相当する金額を加算した金額とする旨規定している。

2　輸入品に対する内国消費税の徴収等に関する法律（以下「輸徴法」という。）関係

　(1)　輸徴法第5条《保税地域からの引取り等とみなす場合》第1項は、課税物品（課税貨物などをいう。輸徴法第2条《定義》第2号参照）を保税地域以外の場所から輸入する場合には、その輸入を保税地域からの引取りとみなして消費税法及びこの法律の規定を適用する旨規定している。

　(2)　輸徴法第13条《免税等》第1項は、同項各号に掲げる課税物品で当該各号の規定により関税が免除されるものを保税地域から引き取る場合には、政令で定めるところにより、その引取りに係る消費税を免除する旨規定し、第1号において、定率法第14条《無条件免税》第18号（下記3の(7)参照）などを掲げている。

3　定率法関係

　(1)　定率法第4条第1項は、輸入貨物の課税標準となる価格（以下「課税価格」という。）は、同条第2項本文の規定の適用がある場合を除き、当該輸入貨物に係る輸入取引がされた場合において、当該輸入取引に関し買手により売手に対し又は売手のために、当該輸入貨物につき現実に支払われた又は支払われるべき価格に、その含まれていない限度において同条第1項各号に掲げる運賃等の額を加えた価格（以下「取引価格」という。）とする旨規定している。

　(2)　定率法第4条第2項は、輸入貨物に係る輸入取引に関し、次のイからニまでに掲げる事情のいずれかがある場合における当該輸入貨物の課税価格の決定については、

同法第4条の2《同種又は類似の貨物に係る取引価格による課税価格の決定》から第4条の4《特殊な輸入貨物に係る課税価格の決定》までに定めるところによる旨規定している。

- イ　買手による当該輸入貨物の処分又は使用につき制限があること。
- ロ　当該輸入貨物の取引価格が当該輸入貨物の売手と買手との間で取引される当該輸入貨物以外の貨物の取引数量又は取引価格に依存して決定されるべき旨の条件その他当該輸入貨物の課税価格の決定を困難とする条件が当該輸入貨物の輸入取引に付されていること。
- ハ　買手による当該輸入貨物の処分又は使用による収益で直接又は間接に売手に帰属するものとされているものの額が明らかでないこと。
- ニ　売手と買手との間に特殊関係がある場合において、当該特殊関係のあることが当該輸入貨物の取引価格に影響を与えていると認められること。

(3)　定率法第4条の2第1項は、同法第4条第1項の規定により輸入貨物の課税価格を計算することができない場合又は同条第2項本文の規定の適用がある場合において、当該輸入貨物と同種又は類似の貨物に係る取引価格があるときは、当該輸入貨物の課税価格は、当該同種又は類似の貨物に係る取引価格とする旨規定している。

(4)　定率法第4条の3《国内販売価格又は製造原価に基づく課税価格の決定》第1項は、同法第4条及び第4条の2の規定により輸入貨物の課税価格を計算することができない場合において、当該輸入貨物の国内販売価格又は当該輸入貨物と同種若しくは類似の貨物に係る国内販売価格があるときは、当該輸入貨物の課税価格は、同法第4条の3第1項各号に掲げる国内販売価格の区分に応じ、当該各号に定める価格とする旨規定している。

(5)　定率法第4条の4は、同法第4条から第4条の3までの規定により課税価格を計算することができない輸入貨物の課税価格は、これらの規定により計算される課税価格に準ずるものとして政令で定めるところにより計算される価格とする旨規定している。

(6)　定率法第4条の6《航空運送貨物等に係る課税価格の決定の特例》第2項は、同法第4条から第4条の4までの規定により課税価格を計算する場合において、当該輸入貨物が、本邦に入国する者により携帯して輸入される貨物その他その輸入取引が小売取引の段階によるものと認められる貨物で、当該貨物の輸入者の個人的な使

用に供されると認められるものであるときは、当該輸入貨物の課税価格は、当該貨物の輸入が通常の卸取引の段階でされたとした場合の価格とする旨規定している（以下、当該規定を「本件規定」という。）。

(7) 定率法第14条は、同条各号に掲げる貨物で輸入されるものについては、政令で定めるところにより、その関税を免除する旨規定し、第18号において、課税価格の合計額が1万円以下の物品を掲げている。

(8) 関税定率法基本通達4の6－2《輸入者等の個人的な使用に供される輸入貨物に係る課税価格の決定の特例》の(3)（以下「本件通達」という。）は、①本件規定に規定する「当該貨物の輸入が通常の卸取引の段階でされたとした場合の価格」とは、本邦の卸売業者が一般的に本邦における再販売等の商業目的のために当該貨物と同種の貨物を当該外国において卸取引の段階で購入するとした場合の価格をいい、「海外小売価格×0.6」により算出するものとする旨、②「海外小売価格」とは、原則として輸入者が当該貨物を取得する際実際に支払った価格（郵便物にあっては、税関告知書等に記載されている価格）とするが、税関告知書等に記載されている価格が著しく低価である等その真実性に明らかな疑念が持たれる場合又は価格が不明である場合は、類似品の価格、税関が調査した鑑定資料等を参考として、賦課課税方式が適用される貨物にあっては課税価格を決定する旨定めている。

事例6 （仕入税額控除　仕入税額控除の不適用　その他）

> **請求人と取引先との売買契約は通謀虚偽表示には当たらないとした事例**（平成31年
> 2月28日付でされた平成27年1月1日から平成27年12月31日まで及び平成29年1月1
> 日から平成29年12月31日までの各課税期間の消費税及び地方消費税の各更正処分並び
> に重加算税の各賦課決定処分・全部取消し・令和2年5月19日裁決）
>
> 《ポイント》
> 　本事例は、原処分庁が、請求人が取引先の法人から軽種馬を購入する取引に係る売
> 買契約は、通謀虚偽表示により無効であるとして、請求人の課税仕入れに係る支払対
> 価の額の一部を認めない旨の更正処分をしたところ、本件における売買契約は、契約
> 内容のとおり履行されており、また、請求人と当該法人との間に通謀虚偽表示を行う
> 十分な動機があったとまでいえない上、これを基礎付ける証拠もないから、通謀虚偽
> 表示により無効であると認めることはできないと判断して、原処分を取り消したもの
> である。

《要旨》
　原処分庁は、請求人が取引先の法人（本件法人）から軽種馬（本件軽種馬）を購入す
る取引（本件各取引）に係る売買契約は、通謀虚偽表示により無効であり、実体は、請
求人が軽種馬生産に関する農業協同組合を通じて直接本件軽種馬を購入したものである
から、本件法人が当該農業協同組合から落札し購入した金額と、本件各取引に係る売買
金額の差額分に相当する金額（本件各差額）は、請求人の課税仕入れに係る支払対価の
額に該当しない旨主張する。
　しかしながら、本件各取引に係る売買契約については、契約内容のとおり履行されて
おり、また、請求人と本件法人との間に通謀虚偽表示を行う十分な動機があったとまで
いえない上、これを基礎付ける証拠もないから、通謀虚偽表示により無効であると認め
ることはできない。したがって、本件各差額は課税仕入れに係る支払対価の額に該当す
る。

（令和2年5月19日裁決）

《裁決書（抄）》

1　事　実

　(1)　事案の概要

　　　本件は、審査請求人（以下「請求人」という。）が、取引先から取得した軽種馬
　　の代金を、課税仕入れに係る支払対価の額に計上して消費税等の確定申告をしたと
　　ころ、原処分庁が、当該軽種馬の各取引に係る売買契約は通謀虚偽表示により無効
　　であり、当該代金の一部は課税仕入れに係る支払対価の額とは認められないとして
　　更正処分等をしたのに対し、請求人が、原処分庁の認定した事実には誤りがあるな
　　どとして、原処分の一部の取消しを求めた事案である。

　(2)　関係法令等

　　イ　国税通則法（平成29年1月1日前に法定申告期限が到来した国税については、
　　　平成28年法律第15号による改正前のもの。以下「通則法」という。）第68条《重
　　　加算税》第1項は、同法第65条《過少申告加算税》第1項の規定に該当する場合
　　　において、納税者がその国税の課税標準等又は税額等の計算の基礎となるべき事
　　　実の全部又は一部を隠蔽し、又は仮装し、その隠蔽し、又は仮装したところに基
　　　づき納税申告書を提出していたときは、当該納税者に対し、政令で定めるところ
　　　により、過少申告加算税の額の計算の基礎となるべき税額に係る過少申告加算税
　　　に代え、当該基礎となるべき税額に100分の35の割合を乗じて計算した金額に相
　　　当する重加算税を課する旨規定している。

　　ロ　消費税法第2条《定義》第1項第12号は、課税仕入れとは、事業者が、事業と
　　　して他の者から資産を譲り受け、若しくは借り受け、又は役務の提供を受けるこ
　　　と（当該他の者が事業として当該資産を譲り渡し、若しくは貸し付け、又は当該
　　　役務の提供をしたとした場合に課税資産の譲渡等に該当することとなるものに限
　　　る。）をいう旨規定している。

　　ハ　消費税法第30条《仕入れに係る消費税額の控除》第1項（平成27年9月30日以
　　　前に行う課税仕入れに係るものは、平成27年法律第9号による改正前のもの。平
　　　成27年10月1日以後に行う課税仕入れに係るものは、平成28年法律第15号による
　　　改正前のもの。）は、事業者が、国内において行う課税仕入れについては、当該
　　　課税仕入れを行った日の属する課税期間の課税標準額に対する消費税額から、当

該課税期間中に国内において行った課税仕入れに係る消費税額を控除する旨規定
している（以下、この規定に基づく控除を「仕入税額控除」という。）。

(3) 基礎事実

当審判所の調査及び審理の結果によれば、次の事実が認められる。

イ　請求人及び取引関係者について

　(イ)　請求人は、日本中央競馬会に個人馬主として登録し、所有する競走馬を、平
　　成○年頃から競馬に出走させて賞金等を得る事業を継続的に行っている。

　　　なお、請求人は、平成24年12月31日、ａ国に住所を移し、非居住者となった。

　(ロ)　Ｈ社（以下「本件法人」という。）は、平成○年○月○日に設立された、化
　　粧品、健康食品の企画、開発及び販売業務等を目的とする法人であり、その代
　　表者は設立時からＪ（以下「本件代表者」という。）が務めている。

　　　なお、本件代表者は本件法人の全株式を所有しており、本件法人には本件代
　　表者以外に役員はいない。

ロ　本件法人のＫ農業協同組合及びＬ農業協同組合を通じた取引について

　　本件法人は、Ｋ農業協同組合（以下「Ｋ農協」という。）及びＬ農業協同組合
　（以下、Ｋ農協と併せて「Ｓ農協等」という。）が年に数回開催する○○のオーク
　ションを通じて軽種馬を落札し、別表１及び別表２の「本件軽種馬取引」欄のと
　おり、軽種馬を購入した（以下、本件法人のＳ農協等を通じた軽種馬に係る取引
　を「本件軽種馬取引」といい、このうち、本件法人のＫ農協を通じた軽種馬に係
　る取引を「本件Ｋ軽種馬取引」という。）。

　　なお、本件Ｋ軽種馬取引に係る売買契約では、本件法人は、Ｋ農協に対し、遅
　くとも当該オークションの全日程終了日の翌日から10日以内に売買代金を支払う
　旨、当該軽種馬の引渡しは、売買代金の全額決済後、軽種馬の売主と本件法人が
　協議などして決定した日時及び場所において行う旨定めていた。

ハ　請求人と本件法人との間の取引について

　　請求人は、本件法人から、別表１及び別表２の「本件各取引」欄のとおり、軽
　種馬を購入した（以下、請求人と本件法人との間の当該軽種馬の各取引を「本件
　各取引」という。）。

　　なお、本件各取引に係る売買契約では、請求人は、本件法人に対し、売買契約
　日から10日以内に売買代金を支払う旨、当該軽種馬の引渡しは、請求人と本件法

人が協議して決定した日時及び場所において行う旨定めていた。

(4) 審査請求に至る経緯

イ 請求人は、M税務署長に対し、平成27年1月1日から平成27年12月31日まで及び平成29年1月1日から平成29年12月31日までの各課税期間（以下、それぞれ「平成27年課税期間」及び「平成29年課税期間」といい、これらを併せて「本件各課税期間」という。）の消費税及び地方消費税（以下「消費税等」という。）について、別表1及び別表2に記載の軽種馬（以下「本件軽種馬」という。）に係る同各表の「本件各取引」欄中の「契約金額（税込金額）」欄の各金額を、本件軽種馬の取得価額として課税仕入れに係る支払対価の額に計上し、仕入税額控除の額を算出した上で、消費税等の確定申告書に、別表3の「確定申告」欄のとおり記載して、いずれも法定申告期限までに申告をした。

ロ M税務署長は、N国税局所属の調査担当職員の調査（以下「本件調査」という。）に基づき、請求人の本件各課税期間の消費税等について、請求人は本件法人から本件軽種馬を取得したとしているが、実体は本件法人の名義を利用し、S農協等を通じて直接取得したものと認められるから、別表1及び別表2の「本件軽種馬取引」欄中の「購入金額（税込金額）」欄の各金額が、請求人の本件軽種馬に係る取得価額であるとして、仕入税額控除の額を計算し、平成31年2月28日付で、別表3の「更正処分等」欄のとおり、消費税等の各更正処分（以下「本件各更正処分」という。）をした。

また、M税務署長は、本件調査に基づき、本件各取引に係る売買代金と本件軽種馬取引に係る売買代金との差額分に相当する別表1及び別表2の「本件各差額（税込金額）」欄の各金額（以下「本件各差額」という。）を課税仕入れに係る支払対価の額に含めて過大に仕入税額控除の額を計算して本件各課税期間の消費税等の確定申告書を提出したことは、隠蔽又は仮装の行為に該当するとして、平成31年2月28日付で、別表3の「更正処分等」欄のとおり、過少申告加算税及び重加算税の各賦課決定処分（以下、本件各課税期間における重加算税の各賦課決定処分を「本件各賦課決定処分」という。）をした。

ハ 請求人は、上記ロの処分のうち、本件各更正処分の一部及び本件各賦課決定処分に不服があるとして、令和元年5月28日に審査請求をした。

ニ 請求人は、令和2年2月17日、P税務署長に対して、納税地がg市h町〇－〇

からe市f町○-○へ異動した旨の「消費税の納税地の異動に関する届出書」を提出した。これにより、原処分庁はN国税局長からG国税局長となった。

2 争 点

(1) 本件各差額は、請求人の課税仕入れに係る支払対価の額に該当するか否か（争点1）。

(2) 請求人が本件各差額を課税仕入れに係る支払対価の額に該当するとして仕入税額控除をしたことについて、通則法第68条第1項に規定する隠蔽又は仮装の行為に該当する事実があるか否か（争点2）。

3 争点についての主張

(1) 争点1（本件各差額は、請求人の課税仕入れに係る支払対価の額に該当するか否か。）について

原処分庁	請求人
次のことから、本件各取引に係る売買契約は、通謀虚偽表示により無効であり、実体は、請求人が本件法人の名義を借用して、S農協等を通じて直接本件軽種馬を購入したものである。	次のことから、本件各取引は、実体を伴う正当な取引であり、本件各取引を否定する理由はない。
したがって、本件各差額は、請求人の課税仕入れに係る支払対価の額に該当しない。	したがって、本件各差額は、請求人の課税仕入れに係る支払対価の額に該当する。
イ 本件各取引について 　請求人が本件法人に対して、落札候補馬を調査・推薦する業務を依頼していたとの請求人の主張は、本件各取引が実質は売買契約ではないことを請求人自ら認めたものである（以下、請求人に対して落札候補馬を調査・推薦する業務を「本件業務」という。）。	イ 本件各取引について 　請求人は、本件法人に対し、本件業務を依頼していた。そして、本件各取引は、本件業務に係る対価を本件軽種馬取引に上乗せして請求人が購入するという形式（売買契約）を採っただけであり、本件各取引が実際に行われていたことに変わりはない。
ロ　請求人及び本件法人には、本件各取	ロ　請求人及び本件法人には、本件各取

引について通謀虚偽表示を行う動機が
あったこと

(イ) 請求人と本件代表者は、ホテルの
同室で宿泊する親密な関係にあり、
請求人には本件法人に利益を供与す
る動機があった。

(ロ) 請求人は、本件法人を介在させる
ことで自己の消費税等の税負担を減
らすことができた。他方、本件法人
は、本件各取引を行ったとしても、
法人税に関して繰越欠損金があり、
また、消費税等に関して免税事業者
であったため、いずれも税負担は生
じていなかった。

ハ 本件各取引は不自然不合理であるこ
と

(イ) 請求人と本件法人との間の取引に
は、一つの取引において、契約金額
のみが異なる2通の売買契約書が存
在することから、本件各取引に係る
売買契約書の内容は、信用性に欠け
る。

(ロ) 本件各取引の契約金額は、本件軽
種馬取引に係る購入金額に、本件業
務に係る対価とされる額を上乗せし
たものであるところ、本件法人が落
札した日から最短で1日という短期

引について通謀虚偽表示を行う動機が
なかったこと

(イ) 請求人と本件代表者がホテルの同
室で宿泊したのは事実であるが親密
な関係にはなく、請求人は、本件法
人の株主又は役員のいずれでもない
ことから、請求人が本件法人に利益
を供与する動機はなかった。

(ロ) 本件法人は、法人税の確定申告書
において所得金額を計上しており、
本件各取引によって税負担は増加し
ていた。そして、本件法人が繰越欠
損金を全て控除し終えた後も本件各
取引を続けていた。

ハ 本件各取引は不自然不合理ではない
こと

(イ) 契約金額が変更された場合に新た
に別の売買契約書を作成すること
は、実社会において頻繁に行われて
いることであり、いずれの売買契約
書が有効であるかは当事者が認識し
ていれば問題ない。

(ロ) 本件各取引の契約金額は、当事者
間で柔軟に決定したため、計算根拠
がないとしても不自然ではない。

間で対価とされる額を決定し、しかも、当該対価とされる額の計算根拠がない。	
(ハ) S農協等及び牧場関係者などへの調査の結果からも、本件各取引に本件法人が介在しているとは認められない。	(ハ) 本件法人は、S農協等を通じて本件軽種馬を購入し、請求人も本件法人から本件軽種馬を購入しており、それぞれ購入に当たって代金決済も行っている。また、落札した軽種馬の転売を頻繁に行っている者及び情報提供をビジネスとしている者も存在している。

(2) 争点2（請求人が本件各差額を課税仕入れに係る支払対価の額に該当するとして仕入税額控除をしたことについて、通則法第68条第1項に規定する隠蔽又は仮装の行為に該当する事実があるか否か。）について

原処分庁	請求人
上記(1)の「原処分庁」欄のとおり、請求人は、本件法人の名義を借用して、S農協等を通じて直接本件軽種馬を購入したにもかかわらず、本件各取引が実体を伴うかのように装って、本件各差額を課税仕入れに係る支払対価の額に該当するとして仕入税額控除をしていたことから、請求人には隠蔽又は仮装の行為に該当する事実がある。	上記(1)の「請求人」欄のとおり、本件各取引を否定する理由はなく、請求人が本件各差額を課税仕入れに係る支払対価の額に該当するとして仕入税額控除をしていたことについて、隠蔽又は仮装の行為に該当する事実は一切ない。

4 当審判所の判断

(1) 争点1（本件各差額は、請求人の課税仕入れに係る支払対価の額に該当するか否か。）について

　イ　認定事実

請求人提出資料、原処分関係資料並びに当審判所の調査及び審理の結果によれば、次の事実が認められる。

(イ) 本件各取引において請求人は、本件法人に対し、別表1及び別表2の「本件各取引」欄中の「契約金額（税込金額）」欄の金額を支払い、本件軽種馬取引において本件法人は、S農協等に対し、同各表の「本件軽種馬取引」欄中の「購入金額（税込金額）」欄の金額を支払った。

　　なお、本件法人は、本件軽種馬取引に係る売買代金の支払前後に、請求人から本件各取引に係る売買代金を受領していた。そして、本件各取引及び本件K軽種馬取引に係る売買代金は、各売買契約に基づく支払期限内に支払われていた。

(ロ) 本件法人は、上記1の(3)のロ及びハのとおり、本件軽種馬取引に係る売買契約を軽種馬の売主と締結し、その契約後には、本件各取引に係る売買契約をその売買の対象となる軽種馬1頭ごとに締結した。また、当該軽種馬は、S農協等を通じて購入した軽種馬とそれぞれ一致していた。

(ハ) 本件各取引に係る各売買契約書の契約金額は、いずれも本件軽種馬取引に係る購入金額を上回っており、その差額（本件各差額）は、平成27年課税期間は1頭当たり596,000円から948,000円（平均約781,300円）、平成29年課税期間は1頭当たり220,000円から380,000円（平均約284,800円）と、その金額は課税期間ごとにばらつきはあるものの、本件軽種馬取引に係る購入金額の多寡にかかわらず、各課税期間中はおおむね同程度の金額で推移していた。

ロ　検討

　　本件において、原処分庁は、本件各取引に係る売買契約は、通謀虚偽表示により無効であり本件各取引は実体を伴わないから、本件各差額は課税仕入れに係る支払対価の額に該当しない旨主張するので、本件各取引に係る売買契約に関して通謀虚偽表示の成否について検討した上で、本件の争点を判断する。

(イ) 本件各取引に係る売買契約について

　　本件各取引に係る売買契約については、請求人及び本件法人の双方が合意したことを示す売買契約書が存在し、原処分庁及び請求人においてその成立の真正に争いはない。

　　したがって、本件各取引に係る売買契約は有効に成立していると認められる

以上、当該売買契約は、本件各取引が実体を伴わない取引であって通謀虚偽表示であるなど特別の事情があると認められない限り、無効とはならない。

(ロ) 本件各取引及び本件軽種馬取引に係る売買契約の履行について

上記イの(イ)及び(ロ)のとおり、本件各取引及び本件軽種馬取引に係る売買契約に符合した売買代金の支払があったと認められることから、当該売買契約がその契約内容のとおり履行され、本件各取引が実際に行われていたことが推認される。

(ハ) 本件各取引について通謀虚偽表示を行う動機について

原処分庁は、請求人及び本件法人が、本件各取引について通謀虚偽表示を行う動機として、請求人と本件代表者は親密な関係にあり請求人から本件法人に対して利益を供与する動機があったこと、請求人は本件法人を介在させることで消費税等の税負担を減らすことができたこと、本件法人においても法人税の繰越欠損金を有し、消費税等の免税事業者であったため、本件各取引によって、法人税及び消費税等の税負担が生じていなかったことを主張する。

確かに、原処分庁が主張するように、請求人の消費税等の税負担は減少している。しかしながら、上記1の(3)のイの(ロ)のとおり、請求人は、本件法人の株主や役員ではなく、また、当審判所に提出された全証拠からしても本件法人に対して利益を供与するような特別な関係があったとまでは認められず、請求人及び本件法人には、本件各取引について通謀虚偽表示を行う十分な動機があったとまではいえない。

(ニ) 通謀虚偽表示を基礎付ける証拠の有無について

本件各取引に係る売買契約について、原処分庁からは、通謀虚偽表示であることを具体的に示す証拠の提出はなく、当審判所の調査の結果によっても、通謀虚偽表示であることを基礎付ける証拠は見当たらない。

(ホ) 小括

以上のとおり、本件各取引及び本件軽種馬取引に係る売買契約については、それぞれ契約内容のとおり履行されており、また、請求人と本件法人との間に通謀虚偽表示を行う十分な動機があったとまではいえない上、通謀虚偽表示であることを基礎付ける証拠もないから、本件各取引に係る売買契約が通謀虚偽表示により無効であり、本件各取引が実体を伴わない取引であると認めること

はできない。

　　したがって、本件各差額は、請求人の課税仕入れに係る支払対価の額に該当
　する。

ハ　原処分庁の主張について

　(イ)　原処分庁は、請求人が本件法人に対し本件業務を依頼していたことは、本件
　　各取引には売買契約としての実体がないことを認めたものである旨主張する。

　　　しかしながら、上記イの(ハ)のとおり、本件軽種馬取引に係る購入金額の多寡
　　にかかわらず、各課税期間中は軽種馬1頭当たりおおむね同程度の金額が加算
　　されていたことからすると、本件各差額は、本件軽種馬取引に係る購入金額に
　　何らかの基準により上乗せされた金額であるとみることができる。そして、請
　　求人が本件法人に依頼した本件業務の内容が、落札候補馬を調査・推薦するも
　　のであることからすれば、本件各取引に係る売買契約は、本件軽種馬取引に係
　　る購入金額に、本件業務に係る対価に相当する金額を上乗せしたものであると
　　解しても不自然とはいえない。そうすると、請求人が本件法人に対し、本件業
　　務を、売買契約の形式により依頼したことをもって、本件各取引に売買契約と
　　しての実体がないことを認めたことにはならない。

　(ロ)　原処分庁は、請求人と本件法人との間の取引には、一つの取引において金額
　　のみが異なる売買契約書が存在することから、本件各取引に係る売買契約書は
　　信用性に欠ける旨主張する。

　　　しかしながら、原処分庁が指摘する当該売買契約書は、平成28年中の取引に
　　係る売買契約であって、本件各課税期間の取引に係る売買契約書ではないから、
　　本件各取引に係る売買契約書の信用性に直接影響を与えるものではない。

　(ハ)　原処分庁は、本件各取引の契約金額は、本件軽種馬取引に係る購入金額に、
　　本件業務に係る対価とされる額を上乗せしたものであるところ、本件法人が軽
　　種馬を落札した日から最短で1日という短期間で決定しており、また、本件業
　　務の対価とされる額の計算根拠がないため、本件各取引は不自然不合理である
　　旨主張する。

　　　しかしながら、本件業務の内容からすると、本件法人は、請求人が購入する
　　落札候補馬を調査及び推薦し、落札するのであるから、本件軽種馬取引によっ
　　て軽種馬を落札する前に本件業務の履行を終えていたことになる。そうすると、

本件法人が軽種馬を落札した日から最短で1日という短期間で対価とされる額を決定したことをもって、本件各取引が不自然不合理であるとまではいえない。また、上記(イ)のとおり、本件各差額が本件軽種馬取引に係る軽種馬の購入金額に何らかの基準により上乗せされた金額とみることができ、その金額は課税期間ごとにおおむね同程度の金額が加算されていたことからすると、本件業務の対価とされる額についても計算根拠がないとまではいえない。

(ニ) したがって、原処分庁の主張は、いずれもその主張を認めるに足りる証拠がなく採用できない。

(2) 争点2（請求人が本件各差額を課税仕入れに係る支払対価の額に該当するとして仕入税額控除をしたことについて、通則法第68条第1項に規定する隠蔽又は仮装の行為に該当する事実があるか否か。）について

本件各取引に係る売買契約は、上記(1)のロの(ホ)のとおり、通謀虚偽表示により無効であるとは認められず、本件各差額は、課税仕入れに係る支払対価の額に該当するから、争点2について判断するまでもなく、原処分庁の主張は採用できない。

(3) 原処分の適法性について

イ 本件各更正処分

本件各更正処分については、上記(1)のロの(ホ)のとおり、本件各取引に係る売買契約は通謀虚偽表示により無効であるとは認められないから、本件各差額は課税仕入れに係る支払対価の額に該当し、仕入税額控除の額は、別表3の「確定申告」欄の額と同額になる。

なお、平成27年課税期間に係る更正処分のその他の部分については、請求人は争わず、当審判所に提出された証拠資料等によっても、これを不相当とする理由は認められない。

したがって、本件各更正処分は一部が違法であり、平成27年課税期間はその一部を別紙「取消額等計算書」のとおり取り消すべきであり、平成29年課税期間はその全部を取り消すべきである。

ロ 本件各賦課決定処分

上記イのとおり、本件各更正処分は違法であり、その一部が取り消されることに伴い、これを前提としてされた本件各賦課決定処分も違法となることから、いずれもその全部を取り消すべきである。

(4) 結論

　　よって、審査請求には理由があるから、原処分の一部を取り消すこととする。

別表1　平成27年課税期間における本件各取引及び本件軽種馬取引の状況（省略）

別表2　平成29年課税期間における本件各取引及び本件軽種馬取引の状況（省略）

別表3　審査請求に至る経緯（消費税等）（省略）

別紙　取消額等計算書（省略）

大蔵財務協会は、財務・税務行政の改良、発達およびこれらに関する知識の啓蒙普及を目的とする公益法人として、昭和十一年に発足しました。爾来、ひろく読者の皆様からのご支持をいただいて、出版事業の充実に努めてきたところであります。

今日、国の財政や税務行政は、私たちの日々のくらしと密接に関連しており、そのため多種多様な施策の情報をできる限り速く、広く、正確にかつ分かり易く国民の皆様にお伝えすることの必要性、重要性はますます大きくなっております。

このような状況のもとで、当協会は現在、「税のしるべ」（週刊）、「国税速報」（週刊）の定期刊行物をはじめ、各種書籍の刊行を通じて、財政や税務行政についての情報の伝達と知識の普及につとめております。また、日本の将来を担う児童・生徒を対象とした租税教育活動にも、力を注いでいるところであります。

今後とも、国民・納税者の方々のニーズを的確に把握し、より質の高い情報を提供するとともに、各種の活動を通じてその使命を果たしてまいりたいと考えておりますので、ご叱正・ご指導を賜りますよう、宜しくお願い申し上げます。

一般財団法人　大蔵財務協会
理事長　木　村　幸　俊

裁決事例集（第119集）

令和3年2月2日　初版印刷
令和3年2月15日　初版発行

不許複製

（一財）大蔵財務協会　理事長
発行者　木　村　幸　俊

発行所　一般財団法人　大蔵財務協会
〔郵便番号　130-8585〕
東京都墨田区東駒形1丁目14番1号
（販　売　部）TEL 03(3829)4141・FAX 03(3829)4001
（出版編集部）TEL 03(3829)4142・FAX 03(3829)4005
URL　http://www.zaikyo.or.jp

本書は、国税不服審判所ホームページ掲載の『裁決事例集No. 119』より転載・編集したものです。

落丁・乱丁は、お取替えいたします。　　　　　印刷　㈱恵友社
ISBN978-4-7547-2868-7